編著者簡介

吴國昇，湖南漣源人，漢語言文字學專業博士，中國文字學會理事，貴州師範大學文學院教授，“古文字與中華文明傳承發展工程”協同攻關創新平臺、鄭州大學漢字文明傳承傳播與教育研究中心外聘教授。主要從事汉字学和古漢語研究。主持國家級及省部級社科課題多項。

項目資助

本書爲“古文字與中華文明傳承發展工程”資助項目“春秋金文集釋、字詞全編及春秋戰國字詞關係對應圖譜”（項目號：G3208）階段性整理研究成果

本書由“古文字與中華文明傳承發展工程”協同攻關創新平臺、鄭州大學漢字文明傳承傳播與教育研究中心資助出版

春秋金文全編

第四册

吴國昇 編著

古文字與中華文明傳承發展工程

社會科學文獻出版社
SOCIAL SCIENCES ACADEMIC PRESS (CHINA)

日

<table>
<tr><td rowspan="4">卷七</td><td>早期</td><td></td><td></td><td></td><td></td></tr>
<tr><td>中期</td><td>
晋公盆
10342
莫不日頓覺(卑恭)

晋公盤
mx0952
莫不日頓覺(卑恭)</td><td></td><td></td><td></td></tr>
<tr><td>晚期</td><td>
吉日壬午劍
mt18021
吉日</td><td>
少虡劍
11696.1
吉日
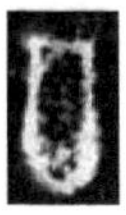
少虡劍
11697
吉日</td><td>
鄭莊公之孫盧鼎 mt02409
吉日

盧鼎q
xs1237
吉日</td><td>
郘公䤬父鎛
mt15815
元日

郘公䤬父鎛
mt15816
元日</td></tr>
<tr><td>時期 / 區域</td><td colspan="2">晋</td><td>鄭</td><td>郘</td></tr>
</table>

	 濫公宜脂鼎 mx0191 初吉日丁亥	 曾公𠹭鎛鐘 jk2020.1 吉日  曾公𠹭鎛鐘 jk2020.1 福禄日至	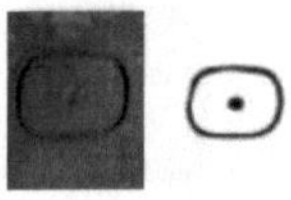 曾公𠹭甬鐘 A jk2020.1 吉日 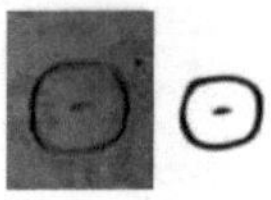 曾公𠹭甬鐘 A jk2020.1 福禄日至	 曾公𠹭甬鐘 B jk2020.1 吉日  曾公𠹭甬鐘 B jk2020.1 福禄日至	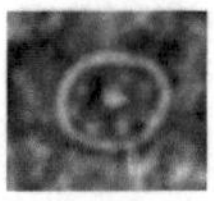 曾公子叔湲簠g mx0507 吉日 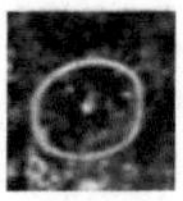 曾公子叔湲簠 mx0508 吉日
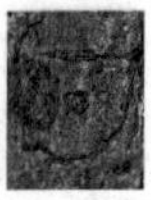 郳公鞁父鎛 mt15817 元日  郳公鞁父鎛 mt15818 元日	 拍敦 04644 吉日	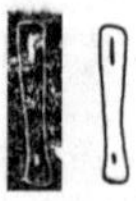 曾侯與鐘 mx1029 吉日  曾侯與鐘 mx1032 吉日	 嬫盤 mx0948 吉日		
郳	D	曾			

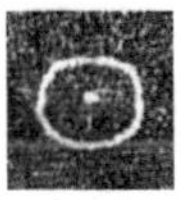 曾侯宏鼎 mt02219 吉日  曾侯宏鼎 mt02220 吉日	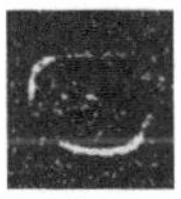 曾侯宏鼎 mx0187 吉日 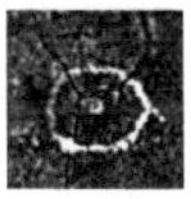 曾侯宏簋 mt04975 吉日	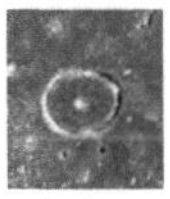 曾侯宏簋 mt04976 士(吉)日  曾侯宏壺 mt12390 吉日	 曾侯宏鼎 mx0185 吉日  曾侯宏鼎 mx0186 吉日	 曾侯寶鼎 ms0265 吉日	 逘叔壺 09625 吉日  逘叔壺 09626 吉日
曾					CE

 王子嬰次鐘 00052 日唯辰	 宜桐盂 10320 正月初吉日己酉				
 欒書缶 10008.1 元日  欒書缶 10008.2 元日	 徐王子旃鐘 00182.1 元日  郐王義楚觶 06513 吉日	 郐諧尹征城 00425.1 日在庚	 郐𨞄尹譬鼎 02766.1 吉日  郐𨞄尹譬鼎 02766.2 吉日	 之乘辰鐘 xs1409 吉日	 吴王光鐘 0223.1 吉日  吴王光鐘 00224.1 吉日
楚	徐				吴

			 無疆匜 10264 □監日□		 嬭加編鐘 kg2020.7 恭公槳(早)陟
 吴王光鑑 10298 吉日  吴王光鑑 10299 吉日	 越王者旨於睗鐘　00144 吉日  越王者旨於睗鐘　00144 日日以鼓之	 忔不余席鎮 mx1385 順日有行	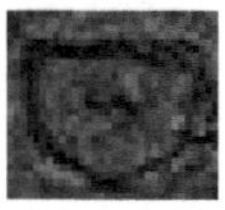 壬午吉日戈 mt17119 吉日  壬午吉日戈 mt17121 吉日	 壬午吉日戈 mt17122 吉日  壬午吉日戈 xs1979 吉日	
吴	越				曾

昧				晉	
				 戎生鐘 xs1615 晉侯  晉公戈 xs1866 晉公	 晉侯簋g mt04712 晉侯  晉侯簋q mt04712 晉侯
 鄬子受鐘 xs504 亡攼昧爽  鄬子受鐘 xs507 亡攼昧爽	 鄬子受鐘 xs510 亡攼昧爽  鄬子受鎛 xs513 亡攼昧爽	 鄬子受鎛 xs515 亡攼昧爽  鄬子受鎛 xs516 亡攼昧爽	 鄬子受鎛 xs517 亡攼昧爽  鄬子受鎛 xs519 亡攼昧爽	 子犯鐘 xs1008 晉公  子犯鐘 xs1009 晉公	 子犯鐘 xs1010 晉公  子犯鐘 xs1020 晉公
				 晉公車軎 12027 晉公  晉公車軎 12028 晉公	
楚				晉	

 晋侯簋q mt04713 晋侯	 晋姜鼎 02826 晋姜	 晋姞盤 mt14461 晋姞	 晋叔家父壺 xs908 晋叔家父	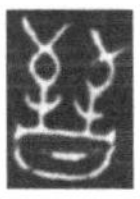 晋刑氏鼎 ms0247 晋刑氏	 晋叔家父盤 ms1188 晋叔家父
 晋姜鼎 02826 晋姜	 晋姜鼎 02826 晋邦	 晋姞匜 mt14954 晋姞	 晋叔家父壺 mt12357 晋叔家父	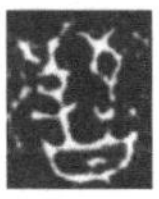 晋侯簋 ms0467 晋侯	
 子犯鐘 xs1021 晋公	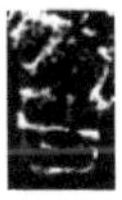 晋公盆 10342 晋公	 晋公盤 mx0952 晋公	 晋公盤 mx0952 晋邦		
 子犯鐘 xs1022 晋公	 晋公盆 10342 晋邦	 晋公盤 mx0952 晋邦			

晋

昃

 保晉戈 xs1029 保晉戈  保晉戈 mt16525 保晉戈	 保晉戈 10979 保晉戈	 留篙鐘 00038.1 晉人	 霸服晉邦劍 wy054 晉邦	 滕侯昃敦 04635 滕侯昃(昃)  滕侯昃戈 11079 滕侯昃(昃)	 滕侯昃戈 11018 滕侯昃  滕侯昃戈 11123 滕侯昃(昃)
D		楚	吴	滕	

		昌	昔		昶
					 昶仲無龍鬲 00713 昶仲  昶仲無龍鬲 00714 昶仲
 王子吳鼎 02717 王子吳(昃)  王子吳鼎 mt02343b 王子吳(昃)			 曾公𣄃鎛鐘 jk2020.1 昔在辝丕顯高祖   曾公𣄃甬鐘A jk2020.1 昔在辝丕顯高祖	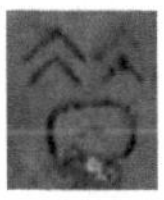  曾公𣄃甬鐘B jk2020.1 昔在辝丕顯高祖	
 鄬子吳鼎g xs532 鄬子吳(昃)  鄬子吳鼎q xs532 鄬子吳(昃)	 鄬子吳鼎g xs533 鄬了吳(昃)  鄬子吳鼎q xs533 鄬子吳(昃)	  蔡侯申尊 06010 了孫蕃昌  蔡侯申盤 10171 子孫蕃昌			
楚		蔡	曾		CE

 ⿰礻旦仲無龍匕 00970 ⿰礻旦仲	 ⿰礻旦伯墉鐳 09960 ⿰礻旦伯	 ⿰礻旦伯墉盤 10130 ⿰礻旦伯	 ⿰礻旦仲匜 mt14953 ⿰礻旦仲	 ⿰礻旦伯夐父罍 mt13826 ⿰礻旦伯	 ⿰礻旦⿰車艮伯壺蓋 ms1058 ⿰礻旦⿰車艮伯
 ⿰礻旦伯業鼎 02622 ⿰礻旦伯	 ⿰礻旦盤 10094 ⿰礻旦[伯]	 ⿰礻旦仲無龍匜 10249 ⿰礻旦仲	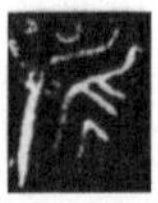 ⿰礻旦⿰車艮伯壺蓋 ms1057 ⿰礻旦⿰車艮伯		 ⿰礻旦⿰車艮伯壺 mx0831 ⿰礻旦⿰車艮伯

CE

 䢅仲侯盤 ms1206 䢅仲侯  䢅鞎伯壺 jjmy011 䢅鞎伯		 伯氏始氏鼎 02643 ⿱日爾嬢臭	 樊君鬲 00626 叔嬴⿱日爾		
	 掃片䢅豯鼎 02570 掃片䢅豯  掃片䢅豯鼎 02571 掃片䢅豯			 鄬子受鐘 xs504 亡攼昧曩(爽)  鄬子受鐘 xs507 亡攼昧曩(爽)	 鄬子受鐘 xs510 亡攼昧曩(爽)  鄬子受鎛 xs513 亡攼昧曩(爽)
			 樊季氏孫仲⿱日爾鼎　02624.1 樊季氏孫仲⿱日爾(孄)  樊季氏孫仲⿱日爾鼎　02624.2 樊季氏孫仲⿱日爾(孄)		
CE		鄧	樊	楚	

軓

		 戎生鐘 xs1614 用軓不廷方	 曾子斿鼎 02757 曾子軓		
 鄬子受鎛 xs514 亡攸昧曹（爽）  鄬子受鎛 xs515 亡攸昧曹（爽）	 鄬子受鎛 xs516 亡攸昧曹（爽）  鄬子受鎛 xs519 亡攸昧曹（爽）			 王孫誥鐘 xs418 終軓（翰）㪉且揚  王孫誥鐘 xs419 終軓（翰）㪉且揚	 王孫誥鐘 xs420 終軓（翰）㪉且揚  王孫誥鐘 xs421 終軓（翰）㪉且揚
楚		晋	曾	楚	

 王孫誥鐘 xs422 終軓(翰)戲且揚 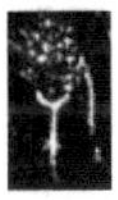 王孫誥鐘 xs424 終軓(翰)戲且揚	 王孫誥鐘 xs425 終軓(翰)戲且揚  王孫誥鐘 xs426 終軓(翰)戲且揚	 王孫誥鐘 xs427 終軓(翰)戲且揚  王孫誥鐘 xs428 終軓(翰)戲且揚	 王孫誥鐘 xs429 終軓(翰)戲且揚  王孫誥鐘 xs430 終軓(翰)戲且揚	 王孫誥鐘 xs434 終軓(翰)戲且揚  王孫誥鐘 xs435 終軓(翰)戲且揚	 王孫誥鐘 xs433 終軓(翰)戲且揚  王孫誥鐘 xs443 終軓(翰)戲且揚

楚

朝				旗	旟
	 子犯鐘 xs1010 燮諸侯卑朝王  子犯鐘 xs1022 燮諸侯卑朝王				 叔夷鐘 00272.2 肅成朕師旟之政德  叔夷鎛 00285.2 肅成朕師旟之政德
 攻吴王光韓劍 xs1807 攻吾王光䩞(韓)		 郳公鞁父鎛 mt15815 以供朝于王所  郳公鞁父鎛 mt15816 以供朝于王所	 郳公鞁父鎛 mt15817 以供朝于王所  郳公鞁父鎛 mt15818 以供朝于王所	 衛侯之孫書鐘 ms1279 福禄無旗(期)	
吴	晉	郳		衛	齊

旂

		 芮公鼓架銅套 ms1725 用旛(祈)眉壽	 虢季鐘 xs2 用旛(祈)萬壽  虢季鐘 xs3 用旛(祈)萬壽	 戎生鐘 xs1618 用旛(祈)𩡧綽 眉壽  太師盤 xs1464 用旛(祈)眉壽	 晉姜鼎 02826 用旛(祈)綽綰 眉壽
				 子犯鐘 xs1014 用旛(祈)眉壽  子犯鐘 xs1018 用旛(祈)眉壽	
 競孫旟也鬲 mt03036 競孫旃(旟)也  楚王孙簠 ms0551 楚王孫旃 (旟)	 競孫戈 ms1436 競孫旃(旟)  競孫戈 ms1436 競孫旃(旟)			 郘黛鐘 00226 以旛(祈)眉壽  郘黛鐘 00228 以旛(祈)眉壽	 郘黛鐘 00231 以旛(祈)眉壽  郘黛鐘 00232 以旛(祈)眉壽
楚		芮	虢	晉	

				 陳公子甗 00947 用旂(祈)眉壽  原氏仲簠 xs395 用旂(祈)眉壽	 原氏仲簠 xs396 用旂(祈)眉壽  原氏仲簠 xs397 用旂(祈)眉壽
				 陳公子中慶簠 04597 用旂(祈)眉壽  陳公孫𠫑父瓶 09979 用旂(祈)眉壽	 敶医作孟姜𡡉簠　04606 用旂(祈)眉壽  敶医作孟姜𡡉簠　04607 用旂(祈)眉壽
 邵黛鐘 00233 以旂(祈)眉壽  邵黛鐘 00235 以旂(祈)眉壽	 邵黛鐘 00237 以旂(祈)眉壽	 鄦公買簠 04617.2 以旂(祈)眉壽  鄦公買簠g eb475 以旂(祈)眉壽	 鄦公買簠 eb475q 以旂(祈)眉壽  喬君鉦鉞 00423 用旂(祈)眉壽	 陳樂君甗 xs1073 用旂(祈)眉壽無疆	
晋		許		陳	

 敶医作干仲嬀 媵簠　04603.1 用旛(祈)眉壽 無疆  敶医作王仲嬀 媵簠　04603.2 用旛(祈)眉壽 無疆	 敶医作王仲嬀 媵簠　04604.1 用旛(祈)眉壽 無疆  敶医作王仲嬀 媵簠　04604.2 用旛(祈)眉壽 無疆	 陳医盤 10157 用旛(祈)眉壽  陳侯匜 xs1833 □旂(祈)眉壽	 敶子匜 10279 用旛(祈)眉壽	 敶大喪史仲高 鐘　00352.1 用旛(祈)眉壽 無疆  敶大喪史仲高 鐘　00353.1 用旛(祈)眉壽 無疆	 敶大喪史仲高 鐘　00354.1 用旛(祈)眉壽 無疆  敶大喪史仲高 鐘　00355.1 用旛(祈)眉壽 無疆

陳

	 魯伯悆盨 04458.1 用旟(祈)多福  魯伯悆盨 04458.2 用旟(祈)多福	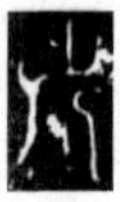 鼄叔之伯鐘 00087 用旂(祈)眉壽無疆			
		 郳公鈓鐘 00102 用敬卹盟祀旂(祈)年眉壽			
 曹公簠 04593 用旜(祈)眉壽無疆  曹公盤 10144 用旜(祈)眉壽無疆			 邾公鞁父鎛 mt15815 用旂(祈)壽考 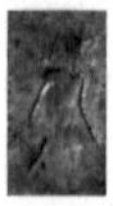 邾公鞁父鎛 mt15816 用旂(祈)壽考	 邾公鞁父鎛 mt15817 用旂(祈)壽考  邾公鞁父鎛 mt15818 用旂(祈)壽考	 司馬楙鎛 eb50 用旂(祈)吉休畯楙(茂)
曹	魯	郳	邾		滕

 郜公典盤 xs1043 用旂(祈)眉壽難老	  齊侯鎛 00271 用旛(祈)侯氏永命  齊侯鎛 00271 用旛(祈)壽老毋死	 叔夷鐘 00277.1 用旂(祈)眉壽  叔夷鎛 00285.7 用旂(祈)眉壽	 姬寏母豆 04693 用旛(祈)眉壽		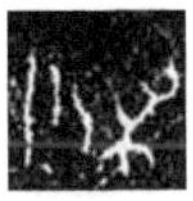 伯亞臣鐳 09974 用旛(祈)眉壽  黃太子白克盤 10162 用旛(祈)眉壽
	 齊侯匜 10283 用旛(祈)眉壽  齊侯盤 10159 用旛(祈)眉壽	 齊侯鼎 mt02363 用旛(祈)眉壽	  公子土折壺 09709 用旂(祈)眉壽萬年  洹子孟姜壺 09729 用旂(祈)眉壽	 洹子孟姜壺 09730 用旂(祈)眉壽  齐侯作孟姜敦 04645 用旛(祈)眉壽	
郜	齊				黃

 番君召簠 04582 用旛(祈)眉壽  番君召簠 04583 用旛(祈)眉壽	 番君召簠 04584 用旛(祈)眉壽  番君召簠 04585 用旛(祈)眉壽	 番君召簠 04585 用旛(祈)眉壽  番君召簠 04586 用旛(祈)眉壽	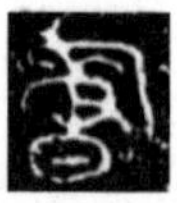 番君召簠 ms0567 用旛(祈)眉壽	 曾公畭鎛鐘 jk2020.1 以旂(祈)永命 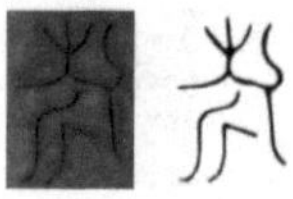 曾公畭甬鐘 A jk2020.1 以旂(祈)永命	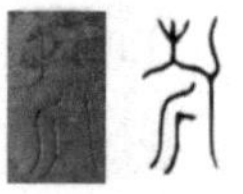 曾公畭甬鐘 B jk2020.1 以旂(祈)永命
				 曾侯與鐘 mx1032 吾以旂(祈)眉壽	
番				曾	

	 伯戔盤 10160 用旛(祈)眉壽				
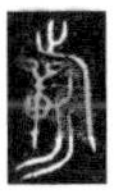 鄬中姬丹盤 xs471 用旛(祈)眉壽  鄬中姬丹匜 xs472 用旛(祈)眉壽		 王孫遺者鐘 00261.1 用旛(祈)眉壽		 者濫鐘 00195 用旛(祈)眉壽 [緐]釐  者濫鐘 00196 用旛(祈)眉壽 [緐]釐	 者濫鐘 00197.1 用旛(祈)[眉壽]   者濫鐘 00198.1 用旛(祈)眉壽 緐釐
 蔡大師鼎 02738 用旛(祈)眉壽		 欒書缶 10008.2 吾以斦(祈)眉 壽	 三兒簋 04245 用旛(祈)萬年 □壽		
蔡	CE	楚	徐	吴	

		 叔夜鼎 02646 用旛(祈)眉壽無疆  叔液鼎 02669 用旛(祈)眉壽萬年無疆	 卓林父簋蓋 04018 旛(祈)眉壽  叔家父簠 04615 用旛(祈)眉考(老)無疆	 冶仲考父壺 09708 用旛(祈)眉壽	
		 侃孫奎母盤 10153 用旛(祈)眉壽  大孟姜匜 10274 用旛(祈)眉壽	 匜君壺 09680 匜君茲旃者		
 其次句鑃 00422A 用旛(祈)萬壽  其次句鑃 00422B 用旛(祈)萬壽	 其次句鑃 00421 用旛(祈)萬壽  者尚余卑盤 10165 用旛(祈)眉壽	 要君盂 10319 用旜(祈)眉壽無疆			 徐王子旃鐘 00182.1 徐王子旃
越					徐

 簷叔之仲子平鐘 00172 游鐘	 簷叔之仲子平鐘 00173 游鐘	 簷叔之仲子平鐘 00174 游鐘	 簷叔之仲子平鐘 00176 游鐘	 簷叔之仲子平鐘 00177 游鐘	 簷叔之仲子平鐘 00179 游鐘
 簷叔之仲子平鐘 00172 游鐘	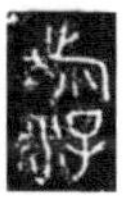 簷叔之仲子平鐘 00174 游鐘	 簷叔之仲子平鐘 00175 游鐘	 簷叔之仲子平鐘 00177 游鐘	 簷叔之仲子平鐘 00178 游鐘	 簷叔之仲子平鐘 00180 游鐘

莒

斿			遊		
 曾仲斿父簠 04673 曾仲斿父  曾仲斿父簠 04674 曾仲斿父	 曾仲斿父方壺 09628.1 曾仲斿父  曾仲斿父方壺 09629.1 曾仲斿父	 曾仲斿父方壺 09629.2 曾仲斿父			
			 伯遊父壺 mt12412 馬頸君伯遊父  伯遊父壺 mt12413 馬頸君伯遊父	 伯遊父鐳 mt14009 黃季氏伯馬頸君遊父  伯遊父盤 mt14510 馬頸君伯遊父	 伯遊父卮 mt19239 黃季之伯斿(遊)父
曾			黃		

旅

 曾侯仲子斿父鼎　02423 曾侯仲子斿(遊)父  曾侯仲子斿父鼎　02424 曾侯仲子斿(遊)父		 芮公簋 eb391 旅簋  芮子仲鼎 mt01910 旅鼎	 芮公簋g mx0350 旅簋 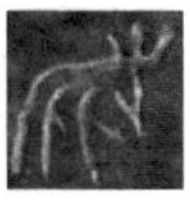 芮公簋q mx0350 旅簋	 芮公簋 ms0428 旅簋  芮公簋g ms0429 旅簋	 芮公簋q ms0429 旅簋  芮公簋g ms0430 旅簋
	 蔡侯𩡫尊 06010 威義(儀)遊遊  蔡侯𩡫盤 10171 威義(儀)遊遊				
曾	蔡	芮			

 芮公簋q ms0430 旅簋	 芮公簋g ms0431 旅簋 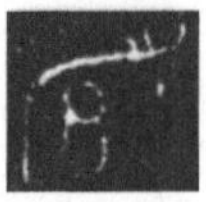 芮公簋q ms0431 旅簋	 虢季段q xs20 旅簋  虢季段g xs20 旅簋	 虢季盨g xs31 旅盨  虢季盨q xs31 旅盨	 虢季盨g xs32 旅盨  虢季盨q xs32 旅盨	 虢季盨g xs33 旅盨  虢季盨q xs33 旅盨
芮		虢			

 虢季盨g xs34 旅盨	 虢碩父簠g xs52 旅𥂕	 虢姜壺 mt12223 旅壺	 虢仲鋪 mx0527 旅鋪	 虢仲壺 ms1037 旅壺	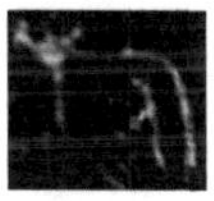 虢仲盉 ms1234 旅盉
 虢季盨q xs34 旅盨	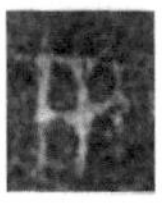 虢姜鼎 mt01839 旅鼎	 虢姜甗 mt03301 旅甗	 虢仲鋪 mx0527 旅盤		 虢仲盉 ms1235 旅盉

虢

 吴王御士簠 04527 旅筐	 晉姞盤 mt14461 旅盤匜  晉姞匜 mt14954 旅盤匜	 仲考父匜 jk2020.4 旅匜	 衛子叔☐父簠 04499 旅藍	 燕仲鬲 kw2021.3 旅尊鬻	 單子白盨 04424 旅盨
虞	晉	黎	衛	燕	單

 伯高父甗 00938 旅甗  鄭伯氏士叔皇父鼎 02667 旅鼎	 召叔山父簠 04601 旅簠  召叔山父簠 04602 旅簠	 陳公子甗 00947 遊(旅)甗	 商丘叔簠 04557 旅簠  商丘叔簠 04558 旅簠	 商丘叔簠 04559.1 旅簠  商丘叔簠 04559.2 旅簠	 商丘叔簠 xs1071 旅簠
		 陳公孫𪒠父瓶 09979 旅瓶			
		 陳樂君甗 xs1073 旅甗			
鄭		陳	宋		

 魯仲齊甗 00939 旅甗  魯伯悆盨 04458.1 旅盨簋	 魯伯悆盨 04458.2 旅盨簋	 魯酉子安母簠g mt05902 旅盬  魯酉子安母簠g mt05903 旅盬	 郳君婦媿霝壺 mt12353 肇(旅)壺  郳君鼎 02502 肇(旅)尊鼎	 郳君婦媿霝壺 ms1055 肇(旅)壺	 滕侯穌盨 04428 旅簋  滕侯蘇盨 mt05620 旅簋
魯			郳		滕

 薛子仲安簠 04546.1 旅𥂴  薛子仲安簠 04546.2 旅𥂴	 薛子仲安簠 04548 旅𥂴  薛子仲安簠器 sh393 旅𥂴	 郜召簠q xs1042 旅筐  郜召簠g xs1042 旅筐			 番口伯者君盤 10140 旅盤
			 伯遊父壺 mt12412 遊(旅)壺  伯遊父壺 mt12413 遊(旅)壺	 伯遊父卮 mt19239 遊(旅)舸(卮)	
薛		郜	黄		番

 曾子伯容盤 10156 旅盤  曾子仲謱甗 00943 旅甗	 曾伯霥簠 04631 遊(旅)藍  曾伯霥簠 04632 遊(旅)藍	 曾大保盆 10336 旅盆	 曾伯克父甗 ms0361 旅甗  曾伯克父盨 ms0539 旅盨	 孟爾克母簠g ms0583 旅藍  孟爾克母簠q ms0583 旅藍	 矩甗 xs970 穴(旅)嗹(甗)
曾					CE

 蛣公誠簠 04600 旅盬	 鄀于子斯簠 04542 旅盬  鄀于子斯簠 04543 旅盬	 鄂姜簠 jk2020.3 旅盬		 叔姬鼎 02392 旅鼎  旅虎簠 04540 𠫑山旅虎鑄其寶盬	 旅虎簠 04541.1 𠫑山旅虎鑄其寶盬  旅虎簠 04541.2 𠫑山旅虎鑄其寶盬
			 仲改衛簠 xs399 旅□  仲改衛簠 xs400 遊(旅)盬		
				 何訇君鼎 02477 㫃(旅)鼎	 師麻孝叔鼎 02552 旅鼎
CE			楚		

族					旃
 伯其父簠 04581 遊(旅)簠  妝盘 ms0618 旅盘	 秦子戈 11353 公族  秦子矛 11547.1 公族	 秦子戈 mt17209 公族			
 樂大司徒瓶 09981 遊(旅)瓶			 宋公差戈 11289 所造不昜族戈	 亳庀戈 11085 京庀(庫)八族戈	 郘黛鐘 00226 既旃(伸)鬯(暢)虡  郘黛鐘 00228 既旃(伸)鬯(暢)虡
	秦		宋		晋

⿸㫃伐　⿸㫃昜

<table>
<tr><td></td><td></td><td></td><td></td><td></td><td></td></tr>
<tr><td></td><td></td><td></td><td></td><td></td><td></td></tr>
<tr>
<td>
郘黛鐘
00232
既⿸㫃申(伸)卣(暢)虡

郘黛鐘
00233
既⿸㫃申(伸)卣(暢)虡</td>
<td>
郘黛鐘
00235
既⿸㫃申(伸)卣(暢)虡

郘黛鐘
00236
既⿸㫃申(伸)卣(暢)虡</td>
<td>
郘黛鐘
00237
既⿸㫃申(伸)卣(暢)虡</td>
<td>
楚⿸㫃伐鼎
xs1197
楚⿸㫃伐之石沱</td>
<td>
鄦子盟自鎛
00153
終翰且⿸㫃昜(揚)

鄦子盟自鎛
00154
終翰且⿸㫃昜(揚)</td>
<td>
蔡侯𩰫尊
06010
悤憲訢⿸㫃昜(揚)

蔡侯𩰫盤
10171
悤憲訢⿸㫃昜(揚)</td>
</tr>
<tr><td colspan="3">晋</td><td>楚</td><td>許</td><td>蔡</td></tr>
</table>

 王孫誥鐘 xs418 終翰且旟(揚)  王孫誥鐘 xs419 終翰且旟(揚)	 王孫誥鐘 xs420 終翰且旟(揚)  王孫誥鐘 xs422 終翰且旟(揚)	 王孫誥鐘 xs423 終翰且旟(揚)  王孫誥鐘 xs425 終翰且旟(揚)	 王孫誥鐘 xs426 終翰且旟(揚)  王孫誥鐘 xs427 終翰且旟(揚)	 王孫誥鐘 xs428 終翰且旟(揚)  王孫誥鐘 xs429 終翰且旟(揚)	 王孫誥鐘 xs430 終翰且旟(揚)  王孫誥鐘 xs434 終翰且旟(揚)
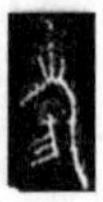 黝鎛 xs489b 音贏少戠旟(揚)  黝鎛 xs490b 音贏少戠旟(揚)	 南君旟鄒戈 xs1180 南君旟鄒之車戈  南君旟鄒戈 mt17052 南君旟鄒之車戈				
楚					

			⿸㫃迴	⿸㫃𥁕	⿸㫃酋
				 ⿸㫃𥁕叔樊鼎 02679 ⿸㫃𥁕叔樊	 郜召簠q xs1042 用實⿸㫃酋(稻)粱  郜召簠g xs1042 用實⿸㫃酋(稻)粱
 王孫誥鐘 xs433 終翰且⿸㫃昜(揚)  王孫誥鐘 xs443 終翰且⿸㫃昜(揚)	 王孫遺者鐘 00261.1 終翰且⿸㫃昜(揚)		 叔夷鐘 00273.1 勠龢三軍徒⿸㫃迴  叔夷鎛 00285.2 勠龢三軍徒⿸㫃迴		
		 吴王餘昧劍 mx1352 王圍⿸㫃昜			
楚		吴	齊		郜

鬖

 叔家父簠 04615 用盛𥞤(稻)粱					
					 鄘子受鐘 xs504 十又四年參(叁)月  鄘子受鐘 xs506 十又四年參(叁)月
	 與兵壺q eb878 參拜項(空)首  與兵壺 ms1068 參拜(空)首	 侯古堆鎛 xs276 □□參壽  侯古堆鎛 xs278 □□參壽	 侯古堆鎛 xs279 □□參壽  侯古堆鎛 xs280 □□參壽	 侯古堆鎛 xs281 □□參壽  郚子成周鐘 xs289 □□參壽	
	鄭	CE			邿

 鄬子受鐘 xs509 十又四年參(叁)月	 鄬子受鎛 xs514 十又四年參(叁)月	 鄬子受鎛 xs516 十又四年參(叁)月	 者減鐘 00193 若參(叁)壽	 者減鐘 00195 [若]參(叁)壽	 者減鐘 00197.2 若參(叁)壽
 鄬子受鎛 xs513 十又四年參(叁)月	 鄬子受鎛 xs515 十又四年參(叁)月	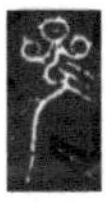 鄬子受鎛 xs519 十又四年參(叁)月	 者減鐘 00194 若參(叁)壽	 者減鐘 00196 若參(叁)壽	 者減鐘 00198.2 若參(叁)壽
楚			吴		

䵒　　月

晉	芮	虢	虢	晉	晉
	 芮公鼓架銅套 ms1725 正月	 虢季鐘 xs1 十月  虢季鐘 xs2 十月	 虢季鐘 xs3 十月  虢季氏子組盤 ms1214 正月	 戎生鐘 xs1613 十又一月  太師盤 xs1464 六月	 晉姞盤 mt14461 八月  晉姞匜 mt14954 八月
 晉公盆 10342 秉德䵒䵒(秩秩)  晉公盤 mx0952 秉德䵒䵒(秩秩)				 子犯鐘 xs1008 五月  子犯鐘 xs1020 五月	 晉公盤 mx0952 正月  晉公盆 10342 正月
				 郘黛鐘 00226 正月  郘黛鐘 00227 正月	 郘黛鐘 00228 正月  郘黛鐘 00230 正月

 晉公戈 xs1866 六月  晉姜鼎 02826 九月				 虞侯政壺 09696 二月	
 長子沫臣簠 04625.1 正月  長子沫臣簠 04625.2 正月					 叔左鼎 mt02334 五月
 邵黛鐘 00231 正月  邵黛鐘 00232 正月	 邵黛鐘 00233 正月  邵黛鐘 00234 正月	 邵黛鐘 00235 正月  邵黛鐘 00237 正月	 衛侯之孫書鐘 ms1279 正月		
晉			衛	虞	BC

 毛虎壺q hx2021.5 三月  毛虎壺g hx2021.5 三月	 鄭師口父鬲 00731 五月				
	 鄭大内史叔上匜　10281 十又二月				
	 鄭莊公之孫盧鼎　mt02409 六月  盧鼎q xs1237 六月	 哀成叔鼎 02782 正月	 與兵壺q eb878 五月  封子楚簠g mx0517 正月	 寬兒鼎 02722 八月  寬兒缶 mt14091 八月	 寬兒缶 mt14092 八月
毛	鄭			蘇	

 許成孝鼎 mx0190 八月					
 許公簠g mx0510 五月  許公簠g mx0511 五月	 許公簠q mx0511 五月				
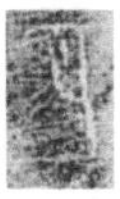 鄦公買簠 04617.2 正月  鄦公買簠g eb475 正月	 鄦公買簠q eb475 正月 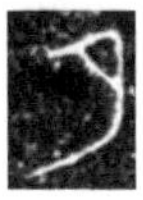 鄦子妝簠 04616 正月	 子璋鐘 00113 正十月 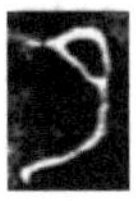 子璋鐘 00114 正十月	 子璋鐘 00115.1 正十月  子璋鐘 00116.1 正十月	 子璋鐘 00117.1 正十月  子璋鐘 00118.1 正十月	 鄦子盟自鎛 00153 正月  鄦子盟自鎛 00154 正月

許

 𢦏叔朕鼎 02690 八月  𢦏叔朕鼎 02691 八月	 𢦏叔朕鼎 02692 八月  叔朕簠 04620 十月	 叔朕簠 04621 十月	 敶侯鼎 02650 正月  陳公子甗 00947 九月	 原氏仲簠 xs395 正月  原氏仲簠 xs396 正月	 原氏仲簠 xs397 正月
			 敶医作孟姜媛簠　04606 正月  敶医作孟姜媛簠　04607 正月	 敶医作王仲媯媛簠　04603.1 正月  敶医作王仲媯媛簠　04603.2 正月	 敶医作王仲媯媛簠　04604.1 正月  敶医作王仲媯媛簠　04604.2 正月
戴			陳		

 陳医盤 10157 正月 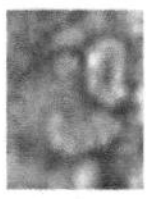 陳侯匜 xs1833 正月	 陳子匜 10279 正月  有兒簋 mt05166 正十月				
		 樂子簠 04618 正月	 鼄大宰簠 04623 正月  鼄大宰簠 04624 正月	 鼄公牼鐘 00149 正月  鼄公牼鐘 00150 正月	 鼄公牼鐘 00151 正月  鼄公牼鐘 00152 正月
陳		宋	邾		

 鼄公華鐘 00245 正月  邾公孫班鎛 00140 正月	 郳公韍父鎛 mt15815 九月  郳公韍父鎛 mt15816 九月	 郳公韍父鎛 mt15817 九月  郳公韍父鎛 mt15818 九月	 郳大司馬彊盤 ms1216 正月  郳大司馬彊匜 ms1260 正月	 郳大司馬鈚 ms1177 正月	 司馬楙鎛 eb47 十月
邾	郳				滕

 齊太宰歸父盤 10151 八月  歸父盤 mx0932 八月	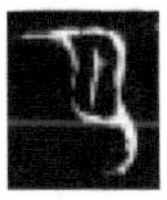 齊侯鎛 00271 五月  齊侯子仲姜鬲 mx0260 正月	 齊䵼氏鐘 00142.1 正月  庚壺 09733.1B 正月	 叔夷鐘 00272.1 五月  叔夷鎛 00285.1 五月	 簷叔之仲子平鐘 00173 正月  簷叔之仲子平鐘 00174 正月	 簷叔之仲子平鐘 00175 正月  簷叔之仲子平鐘 00180 正月
  公子土折壺 09709 飯香月				 簷太史申鼎 02732 正月  鄘侯少子簋 04152 正月	
齊				莒	

 夆叔盤 10163 正月  夆叔匜 10282 正月		 鄧公簋蓋 04055 九月  鄧公簋 03858 十又四月	 鄧公孫無忌鼎 xs1231 九月  伯氏始氏鼎 02643 八月	 鄧子伯鼎甲 jk2022.3 九月  鄧子伯鼎乙 jk2022.3 九月	
	 此余王鼎 mx0220 正月  濫公宜脂鼎 mx0191 正月	 鄧子盤 xs1242 正月			
	 拍敦 04644 正月  禾簋 03939 正月				 唐子仲瀕兒匜 xs1209 正月  唐子仲瀕鈚 xs1210 十月
逄	D	鄧			唐

		 黃子季庚臣簠 ms0589 五月			
		 伯亞臣鐳 09974 正月 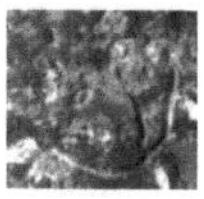 伯遊父卮 mt19239b 正月	 黃太子白克盤 10162 正月  黃太子白克盆 10338 正月	 伯遊父壺 mt12412 六月  伯遊父壺 mt12413 六月	 伯遊父鐳 mt14009 五月  伯遊父盤 mt14510 六月
 唐子仲瀕兒盤 xs1211 正月	 樊季氏孫仲䵼鼎 02624.1 正月  樊季氏孫仲䵼鼎 02624.2 正月	 黃韋俞父盤 10146 正月			
唐	樊	黃			

		 曾仲大父蝨段 04203 五月  曾仲大父蝨段 04204.1 五月	 曾仲大父蝨段 04204.2 五月  曾伯霥壺 ms1069 八月	 曾伯霥簠 04631 九月  曾伯霥簠 04632 九月	 孟爾克母簠g ms0583 正月  孟爾克母簠q ms0583 正月
 番子鼎 ww2012.4 正月		 曾公畎鎛鐘 jk2020.1 五月  曾公畎甬鐘 A jk2020.1 五月	 曾公畎甬鐘 B jk2020.1 五月  嬭加編鐘 kg2020.7 正月	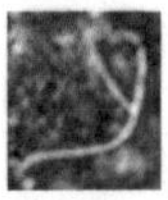 曾公子叔湲簠g mx0507 正月 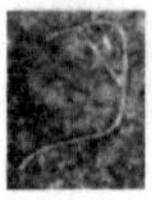 曾公子叔湲簠q mx0507 正月	 曾侯宏鼎 mt02219 五月  曾侯宏鼎 mt02220 五月
 鄱子成周鐘 xs283 正月  鄱子成周鐘 mt15256 正月	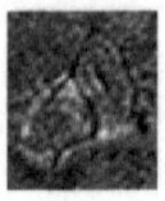 鄱子成周鐘 mt15257 正月	 曾子原彝簠 04573 九月  曾季关臣盤 eb933 正月	 曾子□簠 04588 正月  嬠盤 mx0948 八月	 曾侯與鐘 mx1029 正月  曾侯與鐘 mx1032 十月	
番		曾			

 竈乎簋 04157.1 二月 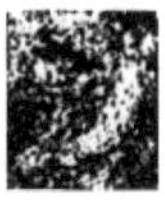 竈乎簋 04157.2 二月	 竈乎簋 04158.1 二月  竈乎簋 04158.2 二月	 曾伯從寵鼎 02550 十月  夨叔匜 ms1257 九月	 曾侯子鎛 mt15763 正月  曾侯子鎛 mt15764 正月	 曾侯子鎛 mt15765 正月  曾侯子鎛 mt15766 正月	 蔡大善夫趣簠g xs1236 正月  蔡大善夫趣簠q xs1236 正月
 曾侯寍鼎 mx0187 五月  曾侯寍簋 mt04975 五月	 曾侯寍簋 mt04976 五月 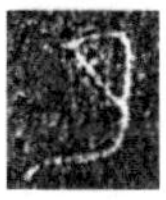 曾侯寍壺 mt12390 五月	 曾侯寍鼎 mx0185 五月  曾侯寍鼎 mx0186 五月	 曾侯寶鼎 ms0265 五月		 鄝中姬丹盤 xs471 正月  鄝中姬丹匜 xs472 正月
					 蔡大師鼎 02738 正月  蔡叔季之孫貫 匜　10284 正月
曾					蔡

 蔡太史鉚 10356 正月  蔡公子叔湯壺 xs1892 正月					 鄦公彭宇簠 04610 十又一月  鄦公彭宇簠 04611 十又一月
 蔡大司馬燮盤 eb936 正月  蔡大司馬燮匜 mx0997 正月					
 蔡侯簠g xs1896 正月  蔡侯簠q xs1896 正月	 蔡侯紐鐘 00210.1 五月  蔡侯紐鐘 00211.1 五月	 蔡侯紐鐘 00218.1 五月  蔡侯鎛 00222.1 五月	 蔡侯簠 xs1897 正月  蔡侯簠 ms0582 正月	 蔡侯驪尊 06010 正月  蔡侯驪盤 10171 正月	 申文王之孫簠 mt05943 正十月  彭啓簠甲 ww2020.10 正月
蔡					CE

	 上鄀公敄人簋盖 04183 正二月  鄀公平侯鼎 02771 八月	 鄀公平侯鼎 02772 八月  鄀公諴鼎 02753 十又四月		 鄂侯夫人鼎 jjmy004 正月  鄂侯鼎 ms0230 正月	 鄂侯鬲 ms0319 八月  鄂侯簋 ms0464 八月
	 蓋兒罍 xs1187 正月	 上鄀公簠g xs401 正月  上鄀公簠q xs401 正月	 上鄀府簠 04613.1 正六月  上鄀府簠 04613.2 正六月		
 彭啓簠丙g ww2020.10 正月  彭啓簠丙q ww2020.10 正月					
CE					

 伯戔盤 10160 唯王月初吉  伯戔盆g 10341 八月		 彭子仲盆蓋 10340 八月  鄁公鼎 02714 八月			 楚嬴盤 10148 正月  楚嬴匜 10273 正月
 叔師父壺 09706 正月  鼄君季黷鑑 mx0535 正月	 蔡子䶵盞g xs1235 八月  蔡子䶵盞q xs1235 八月	 諆余鼎 mx0219 八月  登句鑃 mx1048 正月	 邵子栽盤 xs1372 正月  鄝膚簠 mx0500 正月	 侯孫老簠g ms0586 正月	 楚子暖簠 04575 八月 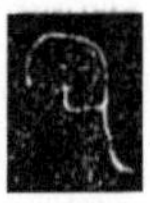 楚子暖簠 04576 八月
	 丁兒鼎蓋 xs1712 十月  義子鼎 eb308 正月	 侯古堆鎛 xs276 正月  侯古堆鎛 xs277 正月	 侯古堆鎛 xs278 正月  侯古堆鎛 xs279 正月	 侯古堆鎛 xs280 正月  侯古堆鎛 xs281 正月	 競孫旟也鬲 mt03036 正月  競孫不服壺 mt12381 正月
CE					楚

 考叔𣐈父簠 04608.1 正月	 考叔𣐈父簠 04609.1 正月	 塞公孫𣐈父匜 10276 正月	 楚太師登鐘 mt15511a 正月	 楚太師登鐘 mt15513a 正月	 楚太師登鐘 mt15516a 正月
 考叔𣐈父簠 04608.2 正月	 考叔𣐈父簠 04609.2 正月	 楚王領鐘 00053.1 正月	 楚太師登鐘 mt15512a 正月	 楚太師登鐘 mt15514a 正月	 楚太師登鐘 mt15518a 正月
 楚子暖簠 04577 八月	 楚屈子赤目簠 04612 正月	 以鄧鼎g xs406 正月	 仲改衛簠 xs399 正月	 以鄧匜 xs405 正月	 何次簠g xs403 正月
 東姬匜 xs398 正月	 楚屈子赤目簠 xs1230 正月	 以鄧鼎q xs406 正月	 仲改衛簠 xs400 正月	 何次簠 xs402 正月	 何次簠q xs403 正月
 樂書缶 10008.1 正月					
 樂書缶 10008.2 正月					

楚

 楚太師鄧子辥慎鎛　mx1045 正月  楚王鐘 00072 正月					
 何次簠g xs404 正月  何次簠q xs404 正月	 孟縢姬缶 10005 正月  孟縢姬缶 xs416 正月	 敬事天王鐘 00073 正月  敬事天王鐘 00075 正月	 敬事天王鐘 00076 正月  敬事天王鐘 00078.1 正月	 敬事天王鐘 00080.1 正月	 王孫誥鐘 xs418 正月  王孫誥鐘 xs420 正月
 郘夫人𡢁鼎 mt02425 正月	 競之𩰫鼎 mx0178 八月  競之朝鼎 hnbw 八月				
楚					

 王孫誥鐘 xs421 止月	 王孫誥鐘 xs423 正月	 王孫誥鐘 xs426 正月	 王孫誥鐘 xs428 正月	 工孫誥鐘 xs430 正月	 王孫誥鐘 xs435 正月
 王孫誥鐘 xs422 正月	 王孫誥鐘 xs425 正月	 王孫誥鐘 xs427 正月	 王孫誥鐘 xs429 正月	 王孫誥鐘 xs434 正月	 王孫誥鐘 xs433 正月

楚

 王孫遺者鐘 00261.1 正月	 楚王鼎q mt02318 正月	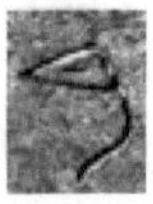 楚王鼎 mx0188 正月	 發孫虜鼎g xs1205 正月	 發孫虜簠 xs1773 正月	 王子吴鼎 02717 正月
 楚王鼎g mt02318 正月	 楚王鼎 mx0210 正月	 楚王媵嬭加缶 kg2020.7 正月	 發孫虜鼎q xs1205 正月		 王子吴鼎 mt02343b 正月

楚

 王子午鼎 02811.2 正月	 王子午鼎 xs445 正月	 王子午鼎q xs447 正月	 鄬子受鐘 xs504 十又四年叁月	 鄬子受鐘 xs509 十又四年叁月	 鄬子受鎛 xs514 十又四年叁月
 王子午鼎q xs444 正月	 王子午鼎 xs446 正月	 王子午鼎 xs449 正月	 鄬子受鐘 xs506 十又四年叁月	 鄬子受鎛 xs513 十又四年叁月	 鄬子受鎛 xs515 十又四年叁月

楚

 鄬子受鎛 xs516 月唯戊申  鄬子受鎛 xs517 十又四年叁月	 鄬子受鎛 xs519 十又四年叁月	 童麗君柏固q mx0494 正月  童麗君柏固g mx0494 正月	 童麗君柏固q mx0495 正月  童麗君柏固g mx0495 正月	 童麗君柏鐘 mx1016 正月  童麗君柏鐘 mx1017 正月	 童麗君柏鐘 mx1018 正月  童麗君柏鐘 mx1019 正月
		 九里墩鼓座 00429.1 正月			
楚		鍾離			

				 郤大子鼎 02652 五月	
 童麗君柏鐘 mx1020 正月  童麗君柏鐘 mx1021 正月	 童麗君柏鐘 mx1022 正月  童麗君柏鐘 mx1023 正月	 童麗君柏鐘 mx1024 正月  季子康鎛 mt15789a 正月	 季子康鎛 mt15790a 正月  季子康鎛 mt15791a 正月	 宜桐盂 10320 正月	 庚兒鼎 02715 正月  庚兒鼎 02716 正月
					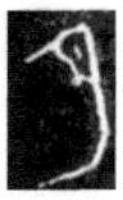 沇兒鎛 00203.1 正月  徐王子旃鐘 00182.1 正月
鍾離				徐	

 余購逐兒鐘 00183.1 九月  余購逐兒鐘 00185.1 九月	 郐諧尹征城 00425.1 正月  郐王義楚觶 06513 正月	 郐𪊨尹譬鼎 02766.1 正月  郐𪊨尹譬鼎 02766.2 正月	 三兒簋 04245 四月  之乘辰鐘 xs1409 十月	 夫跌申鼎 xs1250 正月  遷邟鐘 mx1027 正月	 遷邟鐘 mt15520 正月  遷邟鐘 mt15521 正月
徐				舒	

	 者盪鐘 00193 正月  者盪鐘 00194 正月	 者盪鐘 00195 正月  者盪鐘 00196 正月	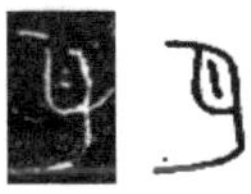 者盪鐘 00197.1 正月 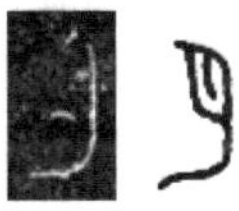 者盪鐘 00198.1 正月	 者盪鐘 00201 正月  者盪鐘 00202 正月	
 遷邟鎛 mt15794 正月  遷邟鎛 mt15796 正月	 吴王光鑑 10298 五月  吴王光鑑 10299 五月	 臧孫鐘 00093 正月  臧孫鐘 00094 正月	 臧孫鐘 00095 正月  臧孫鐘 00096 正月	 臧孫鐘 00097 正月  臧孫鐘 00098 正月	 臧孫鐘 00099 正月  臧孫鐘 00100 正月
舒	吴				

			 王孫壽甗 00946 正月	 華母壺 09638 正月  叔皮父簋 04127 二月	 冶仲考父壺 09708 六月  叔液鼎 02669 五月
			 嘉子孟嬴指缶 xs1806 正月	 鐘伯侵鼎 02668 正月  公父宅匜 10278 正月	 王孫叔諲甗 mt03362 六月  □子季□盆 10339 九月
 臧孫鐘 00101 正月  冉鉦鍼 00428 正月	 姑馮昏同之子句鑃　00424.1 正月  者尚余卑盤 10165 正月	 越王者旨於睗鐘　00144 正月	 嘉子昜伯臚簠 04605.1 九月  嘉子昜伯臚簠 04605.2 九月	 乙鼎 02607 七月  揚鼎 mt02319 正月	 要君盂 10319 正月  與子具鼎 xs1399 八月
吴	越				

		朔		霸	
				 毛虎壺q hx2021.5 既生霸  毛虎壺g hx2021.5 既生霸	
 㾲鼎 02569 正月  侃孫奎母盤 10153 十月					 齊侯子仲姜鬲 mx0260 既死霸
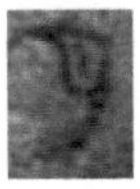  伯怡父鼎 eb312 正月 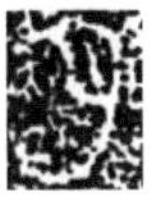 伯怡父鼎 eb313 正月	 痡父匜 mt14986 正月  公孫疕戈 mx1233 正月	 蔡□□戟 11150 蔡侯朔	 蔡侯朔戟 mx1161 蔡侯朔  蔡侯朔劍 mx1301 蔡侯朔		
		蔡		毛	齊

期

 曾仲大父蠡𣪘 04203 既生霸  曾仲大父蠡𣪘 04204.1 既生霸	 曾仲大父蠡𣪘 04204.2 既生霸	 鼄乎簋 04158.1 既死霸  鼄乎簋 04158.2 既死霸	 鄀公諴鼎 02753 既死霸		
					 有兒簋 mt05166 眉壽無諆(期)
				 寬兒鼎 02722 眉壽無諆(期)  寬兒缶 mt14091 眉壽無諆(期)	
曾			CE	蘇	陳

		 齊良壺 09659 眉壽無睸(期)			
	 郜公典盤 xs1043 男女無朞(期)	 齊侯子仲姜鬲 mx0261 老壽無朞(期)	 𩛥子鼎 mt02404A 男女無朞(期)		
 郳大司馬彊盤 ms1216 飲飤無睸(期) 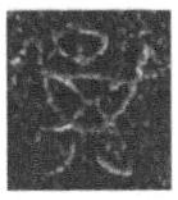 郳大司馬彊匜 ms1260 飲飤無睸(期)		 洹子孟姜壺 09729 朞(期)則爾期  洹子孟姜壺 09729 期則爾朞(期)	 洹子孟姜壺 09730 朞(期)則爾期  洹子孟姜壺 09730 期則爾朞(期)	 齐侯作孟姜敦 04645 男女無朞(期) 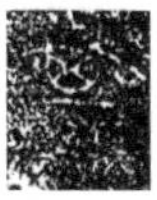 齊侯匜 10283 男女無朞(期)	 齊侯盤 10159 男女無朞(期)  齊侯鼎 mt02363 男女無朞(期)
郳	郜	齊			

		 夆叔盤 10163 壽老無碁(期)  夆叔匜 10282 壽老無碁(期)			
					 鄧公乘鼎 02573.1 眉壽無碁(期)  鄧公乘鼎 02573.2 眉壽無碁(期)
 慶叔匜 10280 男女無碁(期)	 㠱公壺 09704 受福無碁(期)		 賈孫叔子屖盤 mt14512 壽老無碁(期)	 荆公孫敦 04642 大寶無碁(期)  荆公孫敦 mt06070 大寶無碁(期)	
齊	㠱	逢	D		鄧

	 蔡大司馬燮盤 eb936 眉壽無碁(期)  蔡大司馬燮匜 mx0997 眉壽無碁(期)				
 曾侯與鐘 mx1029 朋(其)純德降	 蔡侯紐鐘 00210.2 元鳴無碁(期) 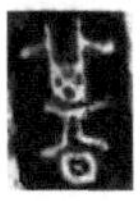 蔡侯紐鐘 00211.2 元鳴無碁(期)	 蔡侯紐鐘 00216.2 元鳴無碁(期)  蔡侯紐鐘 00217.2 元鳴無碁(期)	 蔡侯紐鐘 00218.2 元鳴無碁(期)  蔡侯鎛 00221.2 元鳴無碁(期)	 蔡侯鎛 00222.2 元鳴無碁(期)	 彭子射盂鼎 mt02264 眉壽無睸(期)  彭子射兒簠 mt05884 眉壽無睸(期)
曾	蔡				CE

		 侯孫老簠 g ms0586 萬年無碁(期)	 王孫誥鐘 xs418 萬年無肙(期)  王孫誥鐘 xs419 萬年無肙(期)	 王孫誥鐘 xs420 萬年無肙(期)  王孫誥鐘 xs421 萬年無肙(期)	 王孫誥鐘 xs422 萬年無肙(期)  王孫誥鐘 xs423 萬年無肙(期)
 彭公孫無所鼎 eb299 眉壽無期  無所簠 eb474 眉壽萬年無期	 丁兒鼎蓋 xs1712 眉壽無肙(期)	 義子鼎 eb308 眉壽無期	 褱鼎 02551.1 眉壽無肙(期)  褱鼎 02551.2 眉壽無肙(期)	 競孫旟也鬲 mt03036 正月盡期  競孫不服壺 mt12381 正月□期	
CE			楚		

 王孫誥鐘 xs424 萬年無曁(期)	 王孫誥鐘 xs427 萬年無曁(期)	 王孫誥鐘 xs429 萬年無曁(期)	 王孫誥鐘 xs436 萬年無曁(期)	 王孫誥鐘 xs438 萬年無曁(期)	 楚王鼎g mt02318 眉壽無碁(期)
 王孫誥鐘 xs426 萬年無曁(期)	 王孫誥鐘 xs428 萬年無曁(期)	 王孫誥鐘 xs431 萬年無曁(期)	 王孫誥鐘 xs437 萬年無曁(期)	 王孫誥鐘 xs442 萬年無曁(期)	 楚王鼎q mt02318 眉壽無碁(期)

楚

脖

			 薛侯盤 10133 脖(薛)侯	 走馬薛仲赤簠 04556 走馬脖(薛)仲赤	 薛子仲安簠 04546.1 脖(薛)子仲安
			 薛侯匜 10263 脖(薛)侯	 薛侯壺 xs1131 脖(薛)侯	 薛子仲安簠 04546.2 脖(薛)子仲安
 楚王鼎 mx0210 眉壽無碁(期)					
 王子申盞 04643 眉壽無碁(期)					
	 沇兒鎛 00203.1 眉壽無諆(期)	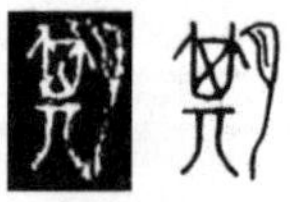 吴王光鑑 10298 既字白期			
	 郤䣄尹譬鼎 02766.1 眉壽無諆(期)	 吴王光鑑 10299 既字白期			
楚	徐	吴	薛		

 薛子仲安簠 04547 膀(薛)子仲安		 楚太師登鐘 mt15511a 保膀(辪)楚王	 楚太師登鐘 mt15514b 保膀(辪)楚王	 楚太師登鐘 mt15518b 保膀(辪)楚王	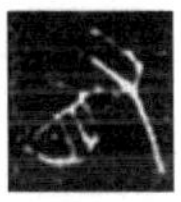 秦公鐘 00263 匍有四方
 薛子仲安簠 04548 膀(薛)子仲安		 楚太師登鐘 mt15512a 保膀(辪)楚王	 楚太師登鐘 mt15516a 保膀(辪)楚王	 楚太師鄧子辪 慎鎛　mx1045 保膀(辪)楚王	 秦公鎛 00267.2 匍有四方
	 曾侯與鐘 mx1029 膀穆曾侯				
薛	曾	楚			秦

 秦公鎛 00268.2 匍有四方  秦公鎛 00269.2 匍有四方					
	 有兒簋 mt05166 陳桓公之孫有兒	 宋公圝鋪 mt06157 有殷天乙唐（湯）  宋公圝鋪 mx0532 有殷天乙唐（湯）	 宋公圝鼎g mx0209 有殷天乙唐（湯）  宋公圝鼎q mx0209 有殷天乙唐（湯）		
		 宋右師延敦g xs1713 永永有慶  宋右師延敦 CE33001 永永有慶	 宋公䜌簠 04589 有殷天乙唐（湯）  宋公䜌簠 04590 有殷天乙唐（湯）	 郳公韍父鎛 mt15815 余有融之子孫  郳公韍父鎛 mt15816 余有融之子孫	 郳公韍父鎛 mt15817 余有融之子孫  郳公韍父鎛 mt15818 余有融之子孫
秦	陳	宋		郳	

 叔夷鐘 00276.1 咸有九州  叔夷鎛 00285.6 咸有九州	 嬭加編鐘 kg2020.7 有此南洍				
	 曾侯與鐘 mx1029 臨有江湏(夏)  曾侯與鐘 mx1029 吴恃有衆庶	 曾侯與鐘 mx1029 有嚴曾侯  隨大司馬戈 mx1215 隨大司馬戲有之行戈	 蔡侯紐鐘 00210.1 有虔不易  蔡侯紐鐘 00211.1 有虔不易	 蔡侯紐鐘 00210.2 休有成慶  蔡侯紐鐘 00211.2 休有成慶	 蔡侯紐鐘 00218.1 有虔不愓(易)  蔡侯紐鐘 00218.2 休有成慶
齊	曾		蔡		

 蔡侯鎛 00219.1 有虔不愓(易)  蔡侯鎛 00220.1 有虔不愓(易)	 蔡侯鎛 00221.1 有虔不愓(易)  蔡侯鎛 00222.1 有虔不愓(易)	 蔡侯鎛 00222.2 休有成慶  蔡叔季之孫賮匜　10284 孟姬有之婦	 競之定鬲 mt03015 大有社  競之定鬲 mt03016 大有社	 競之定鬲 mt03017 大有社  競之定鬲 mt03018 大有社	 競之定鬲 mt03019 大有社  競之定鬲 mt03020 大有社
蔡			楚		

朙

<table>
<tr>
<td></td>
<td></td>
<td></td>
<td>
秦公鐘
00262
克朙氒心

秦公鐘
00262
翼受朙德</td>
<td>
秦公鐘
00265
克朙氒心

秦公鐘
00265
翼受朙德</td>
<td>
秦公鎛
00267.1
克朙氒心

秦公鎛
00267.2
翼受朙德</td>
</tr>
<tr>
<td></td>
<td></td>
<td></td>
<td>
秦公簋
04315.1
帥秉朙德</td>
<td>
盄和鐘
00270.1
帥秉朙德

盄和鐘
00270.1
睿敷朙刑</td>
<td></td>
</tr>
<tr>
<td>
競之定鬲
mt03021
大有社

競之定鬲
mt03022
大有社</td>
<td>
競之定簋
mt04978
大有社

競之定簋
mt04979
大有社</td>
<td>
競之定豆
mt06150
大有社

競之定豆
mt06151
大有社</td>
<td></td>
<td></td>
<td></td>
</tr>
<tr>
<td colspan="3">楚</td>
<td colspan="3">秦</td>
</tr>
</table>

 秦公鎛 00268.1 克明氒心  秦公鎛 00268.2 翼受明德	 秦公鎛 00269.1 克明氒心  秦公鎛 00269.2 翼受明德	 戎生鐘 xs1613 啓厥明心  晉姜鼎 02826 經雍明德		 郘君盧鼎 mx0198 則明口之	
			 司馬楙鎛 eb48 先王明祀		 競孫旟也鬲 mt03036 恭持明德
秦		晉	滕	CE	楚

盟

<table>
<tr><td></td><td></td><td></td><td></td><td></td><td></td></tr>
<tr><td></td><td></td><td>
晉公盆
10342
虔恭盟祀

晉公盤
mx0952
虔恭盟(盟)祀</td><td></td><td></td><td>
郳公鈺鐘
00102
敬卹盟祀</td></tr>
<tr><td>
沇兒鎛
00203.2
惠丁明(盟)祀</td><td>
郐醽尹譬鼎
02766.1
敢敬明(盟)祀

郐醽尹譬鼎
02766.2
敢敬明(盟)祀</td><td></td><td>
與兵壺
eb878q
嚴敬茲禋槑(盟)

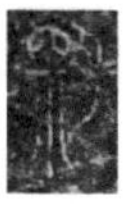
與兵壺
ms1068
嚴敬茲禋槑(盟)</td><td>
宋右師延敦g
xs1713
贏贏昷昷(盟盟)

宋右師延敦
CE33001
贏贏昷昷(盟盟)</td><td>
鼄公華鐘
00245
以卹其祭祀盟(盟)祀</td></tr>
<tr><td colspan="2">徐</td><td>晉</td><td>鄭</td><td>宋</td><td>郳</td></tr>
</table>

 叔夷鐘 00274.2 中尃盟(盟)井(刑)  叔夷鐘 00275.1 應卹余于盟(盟)卹	 叔夷鎛 00285.4 中尃盟(明)井(刑)  叔夷鎛 00285.4 應卹余于盟(盟)卹				 侯孫老簠 g ms0586 盟(孟)姬
		  曾侯與鐘 mx1029 恭寅齋盟(盟)  曾侯與鐘 mx1032 恭寅齋盟(盟)	 曾侯殘鐘 mx1031 恭寅齋盟(盟)	  蔡侯龖尊 06010 祇)盟嘗禘  蔡侯龖盤 10171 祇)盟嘗禘	
齊		曾		蔡	CE

 王孫誥鐘 xs418 恭厥盟(盟)祀  王孫誥鐘 xs419 恭厥盟(盟)祀	 王孫誥鐘 xs420 恭厥盟(盟)祀  王孫誥鐘 xs421 恭厥盟(盟)祀	 王孫誥鐘 xs422 恭厥盟(盟)祀  王孫誥鐘 xs423 恭厥盟(盟)祀	 王孫誥鐘 xs424 恭厥盟(盟)祀  王孫誥鐘 xs425 恭厥盟(盟)祀	 王孫誥鐘 xs426 恭厥盟(盟)祀  王孫誥鐘 xs427 恭厥盟(盟)祀	 王孫誥鐘 xs428 恭厥盟(盟)祀  王孫誥鐘 xs429 恭厥盟(盟)祀
 競之𬙊鼎 mx0178 用供盟祀  競之朝鼎 hnbw 盟(盟)祀	 𪚤鐘 xs485a 楚成王之盟(盟)僕  𪚤鐘 xs488b 楚成之盟(盟)僕	 𪚤鎛 xs489b 楚成王之盟(盟)僕  𪚤鎛 xs490b 楚成王之盟(盟)僕	 𪚤鎛 xs491b 楚成王之盟(盟)僕  𪚤鎛 xs493b 楚成王之盟(盟)僕	 𪚤鎛 xs495b 楚成工之盟(盟)僕	
楚					

 王孫誥鐘 xs430 恭厥盟（盟）祀  王孫誥鐘 xs436 恭厥盟（盟）祀	 王孫誥鐘 xs432 恭厥盟（盟）祀  王孫誥鐘 xs440 恭厥盟（盟）祀	 王子午鼎 02811.2 敬厥盟祀  王子午鼎q xs444 敬厥盟祀	 王子午鼎 xs446 敬厥盟祀  王子午鼎q xs447 敬厥盟祀	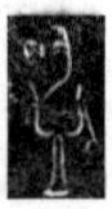 王子午鼎 xs449 敬厥盟祀	
					 徐王子旃鐘 00182.1 以敬盟（盟）祀
楚					徐

夕			夜		
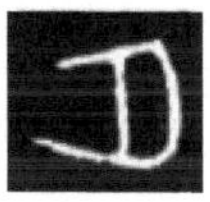 秦公鐘 00262 夙夕	 秦公鐘 00264 夙夕  秦公鎛 00267.1 夙夕	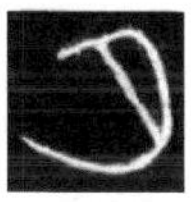 秦公鎛 00268.1 夙夕  秦公鎛 00269.1 夙夕		 黿乎簋 04157.2 夙夜  黿乎簋 04158.1 夙夜	 叔夜鼎 02646 叔夜鑄其饙鼎
 盄和鐘 00270.1 夙夕			 叔夷鐘 00272.1 夙夜  叔夷鎛 00285.1 夙夜		
秦			齊	曾	

夢		㚃		外	
	 夢子匜 10245 𦾔子作行彝			 秦子簋蓋 eb423 保其宫外	 戎生鐘 xs1614 用建于玆外土
		 秦公簋 04315.1 嚴恭㚃天命  盄和鐘 00270.1 嚴龏㚃天命	 晋公盤 mx0952 嚴禴(㚃)恭天命		
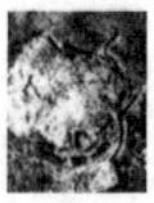  吴王壽夢之子劍　xs1407 余壽夢之子  吴王餘眛劍 mx1352 余壽夢之子					
吴		秦	晋	秦	晋

 叔夷鐘 00274.2 總命于外内之事  叔夷鐘 00277.2 外内愷辟(悌)	 叔夷鐘 00284 外内…  叔夷鎛 00285.4 總命于外内之事	 叔夷鎛 00285.8 外内愷辟(悌)			
			 侯古堆鎛 xs276 百歲外  侯古堆鎛 xs277 百歲外	 侯古堆鎛 xs278 百歲外  侯古堆鎛 xs279 百歲外	 侯古堆鎛 xs281 百歲外 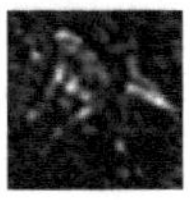 侯古堆鎛 xs282 百歲外
齊			CE		

	 敬事天王鐘 00074 百歲之外  敬事天王鐘 00077 百歲之外	 敬事天王鐘 00079 百歲之外  敬事天王鐘 00081.2 百歲之外			
 鄱子成周鐘 xs290 [百]歲外			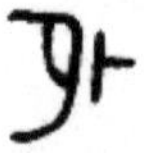 臧孫鐘 00093 外孫  臧孫鐘 00094 外孫	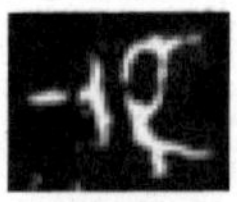 臧孫鐘 00095 外孫  臧孫鐘 00096 外孫	 臧孫鐘 00097 外孫  臧孫鐘 00098 外孫
CE	楚		吴		

夗

		 秦公鐘 00262 夗(夙)夕  秦公鐘 00264 夗(夙)夕	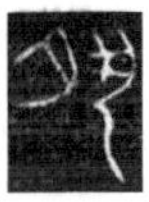 秦公鎛 00267.1 夗(夙)夕  秦公鎛 00268.1 夗(夙)夕	 秦公鎛 00269.1 夗(夙)夕	 魯伯悆盨 04458.1 夗(夙)興用追孝  魯伯悆盨 04458.2 夗(夙)興用追孝
		 盄和鐘 00270.1 夗(夙)夕			
 臧孫鐘 00099 外孫  臧孫鐘 00100 外孫	 臧孫鐘 00101 外孫  冉鉦鋮 00428 萬世之外				
吳		秦			魯

	 鼄乎簋 04157.1 夙(夙)夜 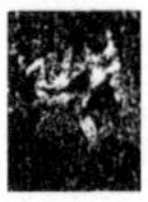 鼄乎簋 04157.2 夙(夙)夜	 鼄乎簋 04158.1 夙(夙)夜  鼄乎簋 04158.2 夙(夙)夜			
 叔夷鐘 00272.1 夙(夙)夜  叔夷鎛 00285.1 夙(夙)夜					 夙戈 10822 夙(夙)
			 吳王光鐘 00224.19 敬嬰(夙)[而光]	 越王者旨於賜鐘　00144 夙(夙)暮不忒	
齊	曾		吳	越	

多

 秦公鐘 00262 以受多福  秦公鐘 00263 純魯多釐	 秦公鐘 00265 以受多福  秦公鐘 00266 純魯多釐	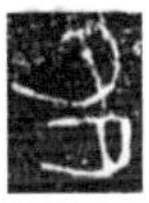 秦公鎛 00267.1 以受多福  秦公鎛 00267.2 純魯多釐	 秦公鎛 00268.1 以受多福  秦公鎛 00268.2 純魯多釐	 秦公鎛 00269.1 以受多福  秦公鎛 00269.2 純魯多釐	
 秦公簋 04315.2 純魯多釐	 盄和鐘 00270.1 以受多福  盄和鐘 00270.2 純魯多釐				
					 杕氏壺 09715 多實不訏
秦					燕

 魯伯悆盨 04458.1 用祈多福  魯伯悆盨 04458.2 用祈多福			 上曾太子鼎 02750 多用旨食	 曾伯克父簋 ms0509 多福	
		 庚壺 09733.2B 不可多也  姬寏母豆 04693 永命多福		 曾公𠫑鎛鐘 jk2020.1 遹懷多福  曾公𠫑甬鐘 A jk2020.1 遹懷多福	 曾公𠫑甬鐘 B jk2020.1 遹懷多福
	 鼄大宰鐘 00086.2 眉壽多福			 佢多壺 mx0810 佢多之行壺  佢多盤 mx0926 佢多之行盤	
魯	邾	齊	D	曾	

		 冶仲考父壺 09708 多福滂滂	 晋姜鼎 02826 俾毌(貫)通□		
				 發孫虜簠 xs1773 發孫虜  發孫虜鼎q xs1205 發孫虜	
 申伯壺 xs379 申伯諺多	 攻敔王光劍 11666 克戢多攻  吴王餘眛劍 mx1352 獲衆多				 攻敔王者彶𢧐虝劍　mt17946 攻敔王者彶𢧐虝(虜)
CE	吴		晋	楚	吴

甬

			 江小仲母生鼎 02391 甬(用)鬲		
 庚壺 09733.1B 公曰甬甬(勇勇)  庚壺 09733.2B 公曰甬甬(勇勇)	 曾公畭鎛鐘 jk2020.1 甬(用)鉞  曾公畭甬鐘 A jk2020.1 甬(用)鉞	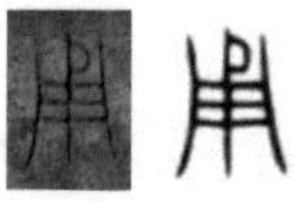 曾公畭甬鐘 B jk2020.1 甬(用)鉞			
		 甬巨簠 mx0480 甬巨之行螿	 郙王䢼劍 11611 甬(用)劍	 競之定鬲 mt03015 甬(用)作尊彝  競之定鬲 mt03016 甬(用)作尊彝	 競之定鬲 mt03017 甬(用)作尊彝  競之定鬲 mt03018 甬(用)作尊彝
齊	曾		CE	楚	

 競之定鬲 mt03019 甬(用)作尊彝   競之定鬲 mt03020 甬(用)作尊彝	 競之定鬲 mt03021 甬(用)作尊彝  競之定鬲 mt03022 甬(用)作尊彝	 競之定簋 mt04978 甬(用)作尊彝  競之定簋 mt04979 甬(用)作尊彝	 競之定豆 mt06150 甬(用)作尊彝 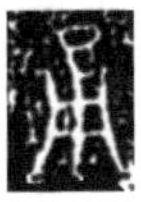 競之定豆 mt06151 甬(用)作尊彝	 吴王夫差矛 11534 甬(用)鍬(鍒)  攻敔王光鐸 mx1047 自作甬(用)	 越王者旨於睗鐘　00144 正月甬(仲)春
楚				吴	越

東		栗	齊		
		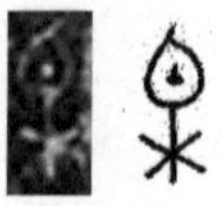 叔元果戈 xs1694 叔元栗兼之戈	 魯仲齊鼎 02639 魯仲齊 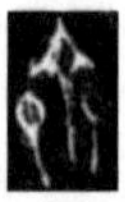 魯仲齊甗 00939 魯仲齊	 魯司徒仲齊盨 04440.1 司徒仲齊  魯司徒仲齊盨 04440.2 司徒仲齊	 魯司徒仲齊盨 04441.1 司徒仲齊  魯司徒仲齊盨 04441.2 司徒仲齊
 陰明武劍 ms1579 陰口武甬(用)  者差劍 xs1869 甬(用)劍	 𠜂料盆蓋 10326 司料東所[寺]  𠜂料盆蓋 10327 司料東所持				
			魯		

 魯司徒仲齊盤 10116 司徒仲齊  魯司徒仲齊匜 10275 司徒仲齊	 齊侯子行匜 10233 齊侯  齊侯匜 10272 齊侯	 齊縈姬盤 10147 齊縈姬  齊良壺 09659 齊良作壺盂	 齊趫父鬲 00685 齊趫父  齊趫父鬲 00686 齊趫父	 齊侯匜 10242 齊侯  齊侯盤 10117 齊侯	 齊伯里父匜 mt14966 齊伯里父  齊不起鬲 mt02926 齊不起作侯伯尊鬲
	 齊太宰歸父盤 10151 齊太宰 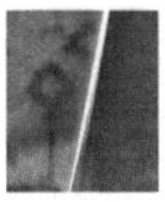 歸父盤 mx0932 齊太宰	 齊侯鎛 00271 齊辟鮑叔 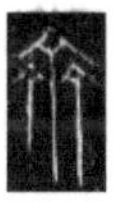 齊侯鎛 00271 齊邦	 齊鞷氏鐘 00142.1 齊鮑氏  齊侯盂 10318 齊侯	 國差罎 10361 齊邦  庚壺 09733.1B 齊三軍	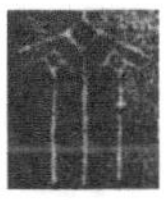 齐侯作孟姜敦 04645 齊侯  齊侯匜 10283 齊侯
	 洹子孟姜壺 09729 齊侯  洹子孟姜壺 09729 齊侯	 洹子孟姜壺 09729 齊侯 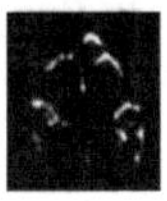 洹子孟姜壺 09729 齊侯	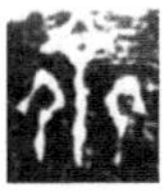 洹子孟姜壺 09730 齊侯  洹子孟姜壺 09730 齊侯	 洹子孟姜壺 09730 齊侯  洹子孟姜壺 09730 齊侯	 齊侯鼎 mt02363 齊侯
魯	齊				

 國子山壺 mt12270 齊大司徒					
 齊侯盤 10159 齊侯	 叔夷鐘 00276.2 齊侯  叔夷鐘 00278 齊侯	 叔夷鐘 00280 齊侯  叔夷鎛 00285.6 齊侯	 叔夷鎛 00285.8 齊侯  齊侯子仲姜鬲 mx0260 齊侯	 齊医敦 04638 齊侯  齊侯作孟姬盤 10123 齊侯	 齊医敦 04639.1 齊侯  齊医敦 04639.2 齊侯

齊

朿		棘	鼎		
 竈乎簋 04157.1 …朿(刺)  竈乎簋 04157.2 …朿(刺)	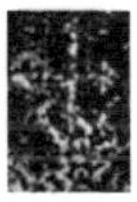 竈乎簋 04158.1 …朿(刺)		 秦公鼎 xs1340 寶用鼎  秦公鼎 xs1341 寶用鼎	 秦公鼎 t02373 寶用鼎  秦公鼎 mt01558 寶用鼎	 秦公鼎 mt01559 寶用鼎  秦公鼎 xs1337 用鼎
		 蔡子棘鼎 02087 蔡子棘			
曾		蔡	秦		

 秦公鼎 xs1338 用鼎  秦公鼎 xs1339 用鼎	 秦公鼎 eb249 用鼎	 秦公鼎 mx0107 用鼎  秦公鼎 ms0173 用鼎	 内公鼎 02389 從鼎  内太子鼎 02448 作鑄鼎	 内太子鼎 02449 作鑄鼎  内公鼎 02475 飤鼎	 内太子白鼎 02496 作鼎  芮子仲鼎 mt01910 旅鼎
秦			芮		

<table>
<tr>
<td>
仲姜鼎
mt01835
尊鼎

仲姜鼎
mt01837
尊鼎</td>
<td>
仲姜鼎
mt01838
尊鼎

太师小子白歡
父鼎　ms0261
尊鼎</td>
<td>
芮太子白鼎
ms0229
寶鼎

芮公鼎
ms0254
寶鼎</td>
<td>
芮公鼎
ms0255
寶鼎

仲姜鼎
ms0202
尊鼎</td>
<td>
内子仲□鼎
02517
尊鼎
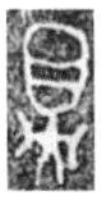
芮子仲殿鼎
mt02125
尊鼎</td>
<td>
虢季鼎
xs9
寶鼎

虢季鼎
xs11
寶鼎</td>
</tr>
<tr><td></td><td></td><td></td><td></td><td></td><td></td></tr>
<tr><td></td><td></td><td></td><td></td><td></td><td></td></tr>
<tr><td colspan="5">芮</td><td>虢</td></tr>
</table>

 虢季鼎 xs12 寶鼎  虢季鼎 xs13 寶鼎	 虢季鼎 xs14 寶鼎  虢季鼎 xs15 寶鼎	 虢姜鼎 t02384 旅鼎  尹小叔鼎 02214 鬻鼎	 虢虎父鼎 ms0238 作鼎	 晉姜鼎 02826 寶尊鼎  晉刑氏鼎 ms0247 寶鼎	 叔休鼎 ms0260 寶鼎
				 君子弄鼎 02086 弄鼎	
虢				晉	

 仲考父盤 jk2020.4 鼎一 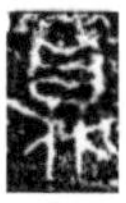 楷宰仲考父鼎 jk2020.4 寶鼎	 衛伯須鼎 xs1198 寶鼎	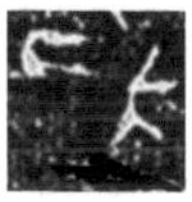 燕仲鼎 kw2021.3 尊鼎	 毛百父鼎 hx2021.5 寶鼎	 鄭饔原父鼎 02493 鑄鼎  鄭伯氏士叔皇父鼎 02667 旅鼎	 子耳鼎 mt02253 盂鼎  寶登鼎 mt02122 作鼎
				 鄭子石鼎 02421 作鼎	
				 哀成叔鼎 02782 哀成叔之鼎	
黎	衛	燕	毛	鄭	

<table>
<tr>
<td>
許成孝鼎
mx0190
作鼎</td>
<td>
𢦏叔朕鼎
02690
餴鼎

𢦏叔朕鼎
02691
餴鼎</td>
<td>
𢦏叔朕鼎
02692
餴鼎</td>
<td>
敶生寉鼎
02468
飤鼎

敶侯鼎
02650
媵鼎</td>
<td></td>
<td></td>
</tr>
<tr>
<td></td>
<td></td>
<td></td>
<td></td>
<td>
趠亥鼎
02588
會鼎</td>
<td>
宋公圝鼎g
mx0209
餴鼎

宋公圝鼎q
mx0209
餴鼎</td>
</tr>
<tr>
<td></td>
<td></td>
<td></td>
<td></td>
<td></td>
<td></td>
</tr>
<tr>
<td>許</td>
<td colspan="2">戴</td>
<td>陳</td>
<td colspan="2">宋</td>
</tr>
</table>

 黿討鼎 02426 爲其鼎  邾口白鼎 02640 尊鼎	 邾口白鼎 02641 尊鼎	 兒慶鼎 xs1095 匜鼎	 郜造譴鼎 02422 寶鼎		 己華父鼎 02418 寶鼎
				 洹子孟姜壺 09729 八鼎  洹子孟姜壺 09730 八鼎	
邾		郳	郜	齊	纪

 曩侯弟叟鼎 02638 寶鼎	 鄁史碩父尊 sh189 尊鼎		 鄧子伯鼎甲 jk2022.3 小陵鼎  鄧子伯鼎乙 jk2022.3 小陵鼎	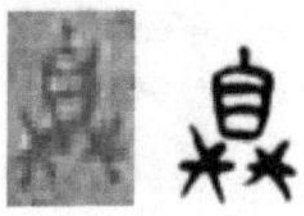 鄧公孫無忌鼎 xs1231 □鼎	 昜娟鼎 ms0225 寶鼎
		 此余王鼎 mx0220 小鼎  濫公宜脂鼎 mx0191 □宜鼎			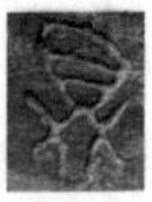 墮侯制隨侯鼎 kg2020.7 行鼎  唐侯制鼎 ms0219 行鼎
		 穀巽鼎 hdkg 十二 自作鼎			
曩	鄁	D	鄧		唐

	 樊孫伯渚鼎 mx0197 寶鼎	 黃季鼎 02565 寶鼎	 曾大師賓樂與 鼎 mt01840 作鼎  曾者子鼎 02563 鬻鼎	 曾伯從寵鼎 02550 寶鼎  曾仲子敔鼎 02564 寶鼎	 伯克父鼎 ms0285 寶鼎  曾子鼎 ms0210 行鼎
 唐侯制鼎 ms0220 行鼎  唐侯制鼎 ms0221 行鼎	 樊夫人龍嬴鼎 xs296 行鼎		 湛之行鼎甲 kx2021.1 行鼎  湛之行鼎乙 kx2021.1 行鼎	  湛之行鼎丙 kx2021.1 行鼎  曾侯寶鼎 ms0265 升鼎	  湛作季嬴鼎甲 kx2021.1 飤鼎  湛作季嬴鼎乙 kx2021.1 飤鼎
			 巫鼎 ms0212 行緐鼎	 叔旟鼎g mx0139 飤鼎	
唐	樊	黃	曾		

 曾子伯皮鼎 mx0166 寶鼎  曾子⿱𠂊⿱田豕鼎 ms0210 行鼎		 都公諴鼎 02753 尊鼎	 鄂伯邍鼎 ms0241 䵼鼎  鄂侯鼎 ms0230 行鼎	 鄂侯夫人鼎 jjmy004 行鼎	 廂季伯歸鼎 02644 寶鼎 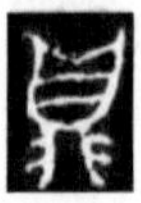 廂季伯歸鼎 02645 寶鼎
 湛作季嬴鼎丙 kx2021.1 飤鼎					
	 彭公孫無所鼎 eb299 湯鼎  彭子射湯鼎 mt01667 湯⿱鼎皿(鼎)				
曾	CE				

 鄁公鼎 02714 薦鼎	 備兵鼎 jjmy007 寶鼎 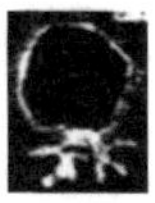 郘君⿱虍魚鼎 mx0198 郘君⿱虍魚作其鼎				
 諆余鼎 mx0219 飤緐鼎 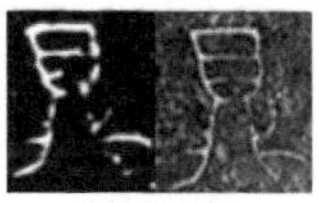 葬子⿰齒攵盞g xs1235 緐鼎		 倗之⿺辶⿱虍皿鼎g xs456 ⿺辶⿱虍皿鼎  倗之⿺辶⿱虍皿鼎g xs456 ⿺辶⿱虍皿鼎	 倗鼎g xs474 飤鼎  倗鼎q xs474 飤鼎	 鼎之伐鼎 01955 鼎之伐□ 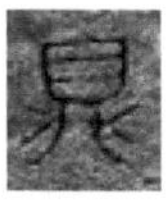 楚王鼎 mx0188 盂鼎	 王子午鼎 02811.2 ⿱將鼎彝⿸廌鼎鼎  王子午鼎q xs444 ⿱將鼎彝⿺辶⿸廌鼎鼎
		 闇尹⿰月敷鼎 xs503 廚鼎		 鄬子吳鼎g xs532 飤⿰金⿱貞皿(鼎)  鄬子吳鼎q xs532 飤⿰金⿱貞皿(鼎)	 鄬子吳鼎g xs533 飤⿰金⿱貞皿(鼎)  鄬子吳鼎q xs533 飤⿰金⿱貞皿(鼎)
CE		楚			

		 郤王鼎擽鼎 02675 鑄鼎		 叔姬鼎 02392 旅鼎  專車季鼎 02476 寶鼎	 伯筍父鼎 02513 寶鼎  雍鼎 02521 尊鼎
 王子午鼎 xs445 鷙彝遣鼎  王子午鼎 xs446 鷙彝遣鼎	 王子午鼎q xs447 鷙彝遣鼎  王子午鼎 xs449 鷙彝遣鼎	 郤子汆鼎 02390 徐子汆之鼎		 掃片昶豥鼎 02570 寶鼎  掃片昶豥鼎 02571 寶鼎	 □偖生鼎 02632 寶鼎  □偖生鼎 02633 寶鼎
			 夫跌申鼎 xs1250 飤鼎	 何𠫑君鼎 02477 旅鼎	 尊父鼎 mt02096 寶鼎
楚		徐	舒		

鼒

 武生毀鼎 02522 囗[羞]鼎  武生毀鼎 02523 羞鼎	 自作尊鼎 02430 尊鼎  卓林父簋蓋 04018 用鼎	 囗魯宰兩鼎 02591 寶鼎  爲甫人鼎 mt02064 鍊鼎	 圃公鼎 xs1463 盥鼎  考祉君季鼎 02519 盉鼎	 畢鬲 kw2021.3 鼒鬻(鬲)	
					 叔左鼎 mt02334 三鼒
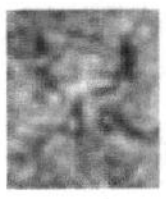  伯怡父鼎 eb312 遷鼎					
				燕	BC

鼏			鼾		
 秦公簋 04315.1 鼏宅禹蹟	 國差𦉜 10361 鼏(謐)静安寧	 文公之母弟鐘 xs1479 鼏(謐)静			
			 蔡侯鼾 02216 飤鼾(鼾)	 丁兒鼎蓋 xs1712 飤盤(鼾)	 䣄侯之孫敶鼎 02287 䣄侯之孫敶之鼾(鼾)
秦	齊		蔡	CE	

 楚叔之孫倗鼎 02357.1 飤⿱𪔂皿(𪔂)  楚叔之孫倗鼎 xs411 飤⿱𪔂皿(𪔂)	 楚叔之孫倗鼎g xs410 飤⿱𪔂皿(𪔂)  楚叔之孫倗鼎q xs410 飤⿱𪔂皿(𪔂)	 倗鼎 xs450 飤⿱𪔂皿(𪔂)  倗鼎 xs452 飤⿱𪔂皿(𪔂)	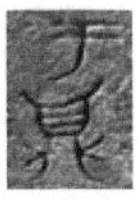 楚王鼎 mx0188 𪔂鼎	 王子吴鼎 02717 飤𪔂  王子吴鼎 mt02343b 飤𪔂	
					 蔡侯𪔂 02215 飤𪔂  蔡侯殘鼎 02225 飤𪔂
楚					蔡

⿰石鼎

				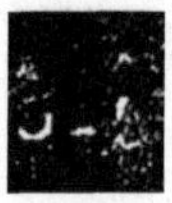 䢵伯業鼎 02622 寶⿰石鼎盜(匜)	
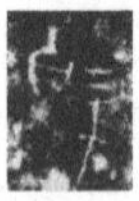 王子午鼎 02811.1 鬻⿰鼎升  王子午鼎g xs444 鬻⿰鼎升	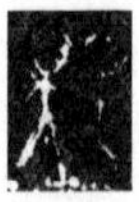 王子午鼎g xs449 鬻⿰鼎升  王子午鼎 g xs447 鬻⿰鼎升	 克黃鼎 xs499 克黃之盪(⿰鼎升)  克黃鼎 xs500 克黃之盪(⿰鼎升)			
			 鄧尹疾鼎 02234.2 ⿰石鼎⿰鼎它(匜)		 遊孫癸鼎 ms0188 飤宕(⿰石鼎)鉈
楚			鄧	CE	

	鮀			鰫	鱐
		 祖伯業鼎 02622 寶碻盜(匜)		 鄭戣句父鼎 02520 飤鰫	 王作贊母鬲 00611 陻鱐(鱐)贊母  王作贊母鬲 00611 寶鱐(鱐)彝
 褱鼎 02551.1 飤碻鮀(匜)  褱鼎 02551.2 飤碻鮀(匜)	 鄧尹疾鼎 02234.2 碻鮀(匜)  鄧尹疾鼎 02234.1 沰盜(匜)		 褱鼎 02551.1 飤碻鮀(匜)  褱鼎 02551.2 飤碻鮀(匜)		
楚	鄧	CE	楚	鄭	周

 王鼎 mt01326 [illegible]（䵼）彝  王鬲 mt02695 [illegible]（䵼）彝		 宗婦鄁嬰鼎 02683 [illegible]（䵼）彝  宗婦鄁嬰鼎 02684 [illegible]（䵼）彝	 宗婦鄁嬰鼎 02685 [illegible]（䵼）彝  宗婦鄁嬰鼎 02686 [illegible]（䵼）彝	 宗婦鄁嬰鼎 02687 [illegible]（䵼）彝  宗婦鄁嬰鼎 02688 [illegible]（䵼）彝	 宗婦鄁嬰鼎 02689 [illegible]（䵼）彝  宗婦鄁嬰毁 04077 [illegible]（䵼）彝
	 叔左鼎 mt02334 [illegible]（䵼）彝				
周	BC	BC			

 宗婦鄁嫛𣪘 04078 䵼(鬻)彝  宗婦鄁嫛𣪘 04079 䵼(鬻)彝	 宗婦鄁嫛𣪘 04084 䵼(鬻)彝  宗婦鄁嫛𣪘 04086.1 䵼(鬻)彝	 宗婦鄁嫛𣪘 04086.2 䵼(鬻)彝  宗婦鄁嫛壺 09698.2 䵼(鬻)彝	 宗婦鄁嫛壺 09699.1 䵼(鬻)彝  宗婦鄁嫛盤 10152 䵼(鬻)彝		 魯仲齊鼎 02639 䵼(鬻)鼎  魯内小臣床生鼎　02354 魯内小臣床生作䵼(鬻)
				 鄭莊公之孫盧鼎　mt02409 䵼(鬻)彝	
BC				鄭	魯

	 上曾太子鼎 02750 鬻(鬻)彝	 曾侯仲子斿父鼎　02423 鬻(鬻)彝  曾侯仲子斿父鼎　02424 鬻(鬻)彝	 曾子仲謱鼎 02620 鬻(鬻)彝  曾侯簠 04598 鬻(鬻)彝	 鄂伯邍鼎 ms0241 鬻(鬻)鼎	
 鑄司寇鼎 xs1917 鬻(鬻)鼎					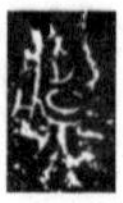 鄬子受鐘 xs505 鬻(鬻)彝歌鐘  鄬子受鐘 xs507 鬻(鬻)彝歌鐘
鑄	D	曾		CE	楚

王子午鼎q
xs447
𪔂(䵼)彝𨗁鼎

王子午鼎
xs449
𪔂(䵼)彝𨗁鼎

王子午鼎q
xs444
𪔂(䵼)彝𨗁鼎

王子午鼎
xs446
𪔂(䵼)彝𨗁鼎

鄬子受鎛
xs520
𪔂(䵼)彝歌鐘

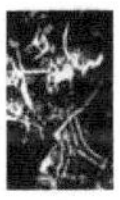
王子午鼎
02811.2
𪔂(䵼)彝𩰫鼎

鄬子受鎛
xs516
𪔂(䵼)彝歌鐘

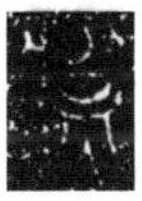
鄬子受鎛
xs518
𪔂(䵼)彝歌鐘

鄬子受鎛
xs514
𪔂(䵼)彝歌鐘

鄬子受鎛
xs515
𪔂(䵼)彝歌鐘

鄬子受鐘
xs511
𪔂(䵼)彝歌鐘

鄬子受鎛
xs513
𪔂(䵼)彝歌鐘

楚

⿰鼎緐　　克

					 秦公鐘 00262 克明氒心 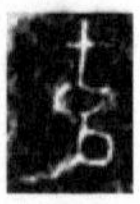 秦公鐘 00265 克明氒心
 鄧公乘鼎 02573.1 飤⿰鼎緐  鄧公乘鼎 02573.2 飤⿰鼎緐		 倗鼎 xs451 飤⿰鼎緐  倗鼎 xs454 飤⿰鼎緐			
	 蔡大師鼎 02738 飤⿰金緐		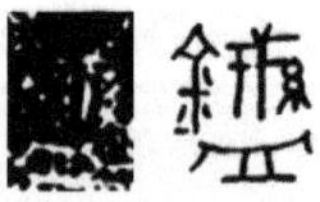 揚鼎 mt02319 飤⿱⿰金緐皿（繁）	 雷子歸産鼎 ms0175 雷子歸産⿰鼎緐	
鄧	蔡	楚			秦

 秦公鎛 00268.1 克明氒心  秦公鎛 00269.1 克明氒心			 鄭義伯𦉜g 09973 我用以剋(克)□  鄭義伯𦉜q 09973 我用以剋(克)□		
	 子犯鐘 xs1011 克奠王位  子犯鐘 xs1023 克奠王位	 晉公盤 mx0952 克□亢猷			
				 𨻰公克敦 04641 𨻰(郳)公克 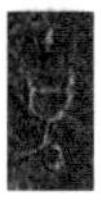 郳公戈 ms1492 公克父	 司馬楙鎛 eb48 用克肇謹先王明祀
秦	晉		鄭	郳	滕

	 曾伯霥簠 04631 克逖淮夷  曾伯霥簠 04632 克逖淮夷	 伯克父鼎 ms0285 伯克父  曾伯克父簋 ms0509 曾伯克父	 曾伯克父簋 ms0509 曾伯克父  曾伯克父甗 ms0361 曾伯克父	 曾伯克父盨 ms0538 曾伯克父  曾伯克父盨 ms0539 曾伯克父	 曾伯克父壶g ms1062 曾伯克父  曾伯克父壶q ms1062 曾伯克父
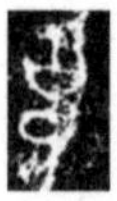 黄太子白克盤 10162 黄太子伯克  黄太子白克盆 10338 黄太子伯克	 曾公㠯鎛鐘 jk2020.1 克逑(仇)匹周之文武 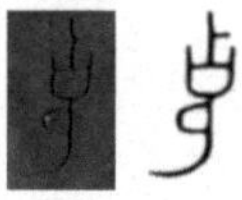 曾公㠯甬鐘 A jk2020.1 克逑(仇)匹周之文武	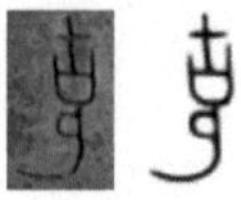 曾公㠯甬鐘 B jk2020.1 克逑(仇)匹周之文武			
黄	曾				

 曾伯克父壺 ms1063 曾伯克父  曾伯克父鐳 ms1174 曾伯克父	 孟爾克母簠g ms0583 孟芈克  孟爾克母簠q ms0583 孟芈克	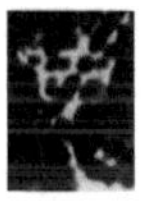 曾伯霥壺 ms1069 克逖淮夷			
			 克黃鼎 xs499 克黃之䵼  克黃鼎 xs500 克黃之䵼	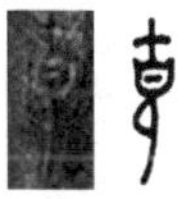 克黃豆 mt06132 楚叔之孫克黃	
			 楚王戈 ms1488 克莒		 攻敔王光劍 11666 克戠多攻  吴王餘眜劍 mx1352 唯弗克
曾			楚		吴

 仲考父盤 jk2020.4 丕录(祿)	 曾亘嫚鼎 xs1201 曾亘嫚非录  曾亘嫚鼎 xs1202 曾亘嫚非录		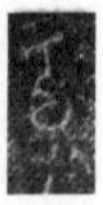 录簋蓋甲 mx0392 录作䰜簋  录簋蓋乙 mx0393 录作䰜簋		
	 曾公赇鎛鐘 jk2020.1 福录(祿)日至  曾公赇甬鐘 A jk2020.1 福录(祿)日至	 曾公赇甬鐘 B jk2020.1 福录(祿)日至			 邾公釪鐘 00102 禾(龢)鐘  邾公糧鐘 gs1.金 1.13 霝禾(龢)鐘
				 永祿鈹 mt17926 承录(祿)休德	
黎	曾				邾

穆

				 戎生鐘 xs1613 越爯穆穆  戎生鐘 xs1615 遠遠穆穆	
	 黄太子白克盤 10162 萬禾(年)無疆		 秦公簋 04315.1 穆穆帥秉明德  盄和鐘 00270.1 穆穆帥秉明德		
 禾簋 03939 禾肇作皇母懿恭孟饙彝		 越王者旨於睗鐘 00144 禾(龢)鐘			 與兵壺q eb878 穆穆熙熙  與兵壺 ms1068 穆穆熙熙
D	黄	越	秦	晉	鄭

			 曾伯宫父穆鬲 00699 曾伯宫父穆		
	 邾公釛鐘 00102 穆君靈以萬年	 叔夷鐘 00276.1 穆公  叔夷鎛 00285.6 穆公	 曾大工尹戈 11365 穆侯  嬭加編鐘 kg2020.7 穆之元子		
 鄦子盟自鎛 00153 穆穆龢鐘  鄦子盟自鎛 00154 穆穆龢鐘	 鼄公華鐘 00245 淑穆不惰于厥身		 曾侯與鐘 mx1029 脺穆曾侯  曾侯與鐘 mx1032 穆諲敦敏	 曾媎嫞朱姬簠g xs530 穆穆曾媎嫞邾姬  曾媎嫞朱姬簠q xs530 穆穆曾媎嫞邾姬	 曾侯鐘 mx1025 穆穆曾侯
許	邾	齊	曾		

		 王孫誥鐘 xs418 有嚴穆穆  王孫誥鐘 xs419 有嚴穆穆	 王孫誥鐘 xs420 有嚴穆穆 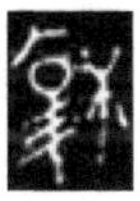 王孫誥鐘 xs422 有嚴穆穆	 王孫誥鐘 xs425 有嚴穆穆  王孫誥鐘 xs426 有嚴穆穆	 王孫誥鐘 xs427 有嚴穆穆  王孫誥鐘 xs428 有嚴穆穆
 蔡侯龖尊 06010 穆穆亹亹(亹亹)  蔡侯龖尊 06010 康諧穆好	 蔡侯龖盤 10171 穆穆亹亹(亹亹) 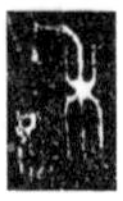 蔡侯龖盤 10171 康諧穆好				
蔡		楚			

稷

 王孫誥鐘 xs429 有嚴穆穆  王孫誥鐘 xs430 有嚴穆穆	 王孫誥鐘 xs434 有嚴穆穆  王孫誥鐘 xs435 有嚴穆穆	 王孫誥鐘 xs433 有嚴穆穆  王孫誥鐘 xs443 有嚴穆穆			
			 吴王光鐘 0223.1 吴王光穆贈辟[金]  吴王光鐘 00224.1 吴王光穆贈辟金	 吴王光鐘 00224.7 [其宴]穆穆  吴王光鐘 00224.24 吴王光穆	 曾侯與鐘 mx1032 余稷之玄孫
楚			吴		曾

朮　　稻

朮	稻				
 大嗣馬簋 04505.1 大司馬孛朮  大嗣馬簋 04505.2 大司馬孛朮	 叔朕簠 04620 稻粱  叔朕簠 04621 稻粱	 叔朕簠 04622 稻粱	 陳公子甗 00947 𥞫(稻)粱	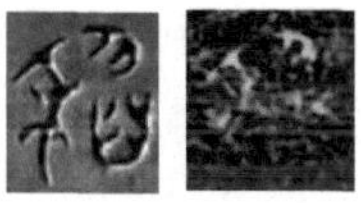 黃子季庚臣簠 ms0589 稻粱	 曾伯黍簠 04631 稻粱  曾伯黍簠 04632 稻粱
	戴		陳	黃	曾

年

	 秦公鐘 00263 萬年  秦公鐘 00266 萬年	 秦公鎛 00267.2 萬年  秦公鎛 00268.2 萬年	 秦公鎛 00269.2 萬年	 内大子白簠蓋 04537 萬年  内大子白簠蓋 04538 萬年	 芮公鼎 ms0254 萬年 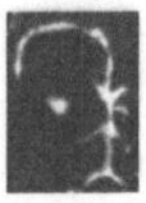 芮公鼎 ms0255 萬年
 王孫叔謓甗 mt03362 稻粱					
	秦			芮	

 内太子白鼎 02496 萬年 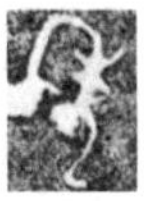 芮子仲殿鼎 mt02125 萬年	 郗仲監鑑 mt14087 萬年	 虢季鼎 xs9 萬年  虢季鼎 xs10 萬年	 虢季鼎 xs11 萬年  虢季鼎 xs12 萬年	 虢季鼎 xs13 萬年  虢季鼎 xs14 萬年	 虢季鼎 xs15 萬年  虢季鬲 xs22 萬年
芮	AB	虢			

 虢季鬲 xs23 萬年	 虢季鬲 xs25 萬年	 虢季鬲 xs27 萬年	 國子碩父鬲 xs48 萬年	 虢碩父簠g xs52 萬年	 虢季氏子組簋 03971 萬年
 虢季鬲 xs24 萬年	 虢季鬲 xs26 萬年	 虢仲簠 xs46 萬年	 國子碩父鬲 xs49 萬年	 虢碩父簠q xs52 萬年	 虢季氏子組簋 03972 萬年

虢

 虢季氏子組簋 03973 萬年	 虢季氏子組盤 ms1214 十又一年  虢季氏子組盤 ms1214 萬年	 虞侯政壺 09696 萬年	 戎生鐘 xs1619 萬年  晉公戈 xs1866 四年	 晉姞盤 mt14461 萬年  晉姞匜 mt14954 萬年	 晉侯簋g mt04713 萬年  晉姜鼎 02826 萬年
			 子犯鐘 xs1019 萬年  晉公盆 10342 萬年	 晉公盤 mx0952 萬年	 長子沫臣簠 04625.1 萬年  長子沫臣簠 04625.2 萬年
虢		虞	晉		

 晋叔家父壺 mt12357 萬年  晋叔家父壺 xs908 萬年	 晋刑氏鼎 ms0247 萬年	 叔休盨 mt05617 萬年 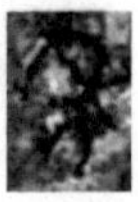 叔休盨 mt05618 萬年	 叔休盨 mt05619 萬年  叔休盤 mt14482 萬年	 叔休壺 ms1059 萬年  叔休壺 ms1060 萬年	 仲考父匜 jk2020.4 萬年  楷宰仲考父鼎 jk2020.4 萬年
晋					黎

 燕仲鼎 kw2021.3 萬年  燕仲鬲 kw2021.3 萬年	 毛叔虎父簋g mx0424 萬年  毛叔虎父簋q mx0424 萬年	 毛叔盤 10145 萬年	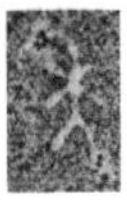 毛叔虎父簋g hx2021.5 萬年  毛叔虎父簋q hx2021.5 萬年	 伯高父甗 00938 萬年  鄭伯氏士叔皇父鼎 02667 萬年	 子耳鼎 mt02253 萬年
 匽公匜 10229 萬年					
燕	毛			鄭	

 鮇公子段 04014 萬年  鮇公子段 04015 萬年	 蘇公匜 xs1465 萬年	 鄦奓魯生鼎 02605 萬年		 陳侯作嘉姬段 03903 萬年  陳公子甗 00947 萬年	 陳医壺 09633.1 萬年  陳医壺 09633.2 萬年
				 陳公子中慶簠 04597 萬年  陳公孫𣄰父瓶 09979 萬年	 陳医作孟姜𡢁簠　04606 萬年  陳医作孟姜𡢁簠　04607 萬年
		 鄦子盟自鎛 00153 萬年  鄦子盟自鎛 00154 萬年	 喬君鉦鉞 00423 萬年		
蘇		許		陳	

 𠫑厌壺 09634.1 萬年  𠫑厌壺 09634.2 萬年	 原氏仲簠 xs395 萬年  原氏仲簠 xs396 萬年	 原氏仲簠 xs397 萬年  陳厌鬲 00705 萬年	 陳厌鬲 00706 萬年	 𢦏叔朕鼎 02690 萬年 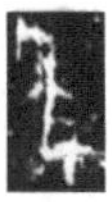 𢦏叔朕鼎 02691 萬年	 𢦏叔朕鼎 02692 萬年  叔朕簠 04620 萬年
 陳厌盤 10157 萬年  𠫑子匜 10279 萬年					
陳				戴	

 叔朕簠 04621 萬年	 商丘叔簠 04557 萬年  商丘叔簠 04558 萬年	 商丘叔簠 04559.1 萬年  商丘叔簠 04559.2 萬年	 商丘叔簠 xs1071 萬年	 曹伯狄𣪘 04019 萬年	 杞子每刃鼎 02428 萬年  杞伯每亡鼎 02642 萬年
	 宋公豳鋪 mt06157 萬年  宋公豳鋪 mx0532 萬年	 宋公豳鼎g mx0209 萬年  宋公豳鼎q mx0209 萬年			
	 宋君夫人鼎q eb304 萬年  宋君夫人鼎g eb304 萬年	 樂子簠 04618 萬年			
戴	宋			曹	杞

 杞伯每亡壺蓋 09687 萬年	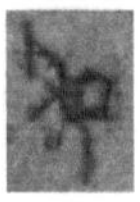 杞伯每刃簋 mt04860 萬年	 魯侯鼎 xs1067 萬年	 魯仲齊鼎 02639 萬年	 魯司徒仲齊盨 04440.1 萬年	 魯司徒仲齊盨 04441.1 萬年
 杞伯每亡壺 09688 萬年	 杞伯雙聯鬲 mx0262 萬年	 魯侯簠 xs1068 萬年	 魯仲齊甗 00939 萬年	 魯司徒仲齊盨 04440.2 萬年	 魯司徒仲齊盨 04441.2 萬年
		 魯大司徒厚氏元簠　04689 萬秊(年)	 魯大司徒厚氏元簠　04690.2 萬秊(年)	 魯大司徒厚氏元簠　04691.2 萬秊(年)	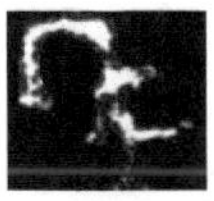 魯大左嗣徒元鼎　02593 萬年
		 魯大司徒厚氏元簠　04690.1 萬秊(年)	 魯大司徒厚氏元簠　04691.1 萬秊(年)	 魯大左嗣徒元鼎　02592 萬秊(年)	 魯大司徒元盂 10316 萬秊(年)
杞		魯			

 魯司徒仲齊匜 10275 萬年	 魯伯俞父簠 04566 萬秊(年)	 魯伯愈父簠 ms0561 萬秊(年)	 魯大司徒子仲白匜　10277 萬秊(年)	 魯伯大父作季姬婧簋　03974 萬年	 魯伯大父作仲姬俞簋　03989 萬年
 魯司徒仲齊盤 10116 萬年	 魯伯俞父簠 04567 萬秊(年)	 魯伯俞父簠 04568 萬秊(年)	 魯宰駟父鬲 00707 萬年	 魯大宰遽父簋 03987 萬年	 魯伯匜 10222 萬年
 魯少司寇封孫宅盤　10154 萬秊(年)					

魯

 魯伯悆盨 04458.1 萬年	 魯酉子安母簠g mt05902 萬年	 魯酉子安母簠q mt05903 萬年	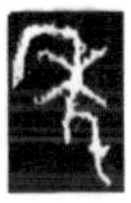 鑄子叔黑臣鼎 02587 萬年	 鑄子叔黑臣簠 04570.1 萬年	 鑄子叔黑臣簋 03944 萬年
 魯伯悆盨 04458.2 萬年	 魯酉子安母簠q mt05902 萬年	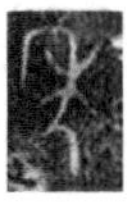 禽簋 hx2022.2 萬年	 鑄子叔黑臣盨 04423 萬年	 鑄子叔黑臣簠 04571.2 萬年	 鑄子叔黑臣鬲 00735 萬年
魯			鑄		

 鑄公簠蓋 04574 萬年  鑄叔作嬴氏鼎 02568 萬年	 鑄叔作嬴氏簠 04560.1 萬年  鑄叔作嬴氏簠 04560.2 萬年	 鑄子叔黑臣盨 mt05608 萬年 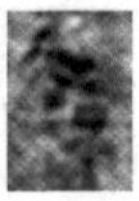 鑄叔盤 mt14456 萬年	 鼄伯鬲 00669 萬年  鼄來隹鬲 00670 萬年	 鼄叔彪父簠 04592 萬年  邾□白鼎 02640 萬年	 邾□白鼎 02641 萬年
			 邾公釛鐘 00102 祈秊(年)眉壽  邾公釛鐘 00102 萬秊(年)	 邾公糧鐘 gs1.金 1.13 萬年  虖訇丘君盤 wm6.200 萬年	
			 鼄大宰簠 04623 萬年  鼄大宰簠 04624 萬年	 鼄公華鐘 00245 萬秊(年)  鼄大宰鐘 00086.2 萬年	 鼄公牼鐘 00149 萬秊(年)  鼄公牼鐘 00151 萬秊(年)
鑄			邾		

	 邾慶簠 mt05878 萬年  邾慶簠 mt05879 萬年	 邾慶匜 mt14955 萬年  子皇母簠 mt05853 萬年	 邾君慶壺g mt12333 萬年  邾君慶壺q mt12333 萬年	 邾君慶壺 mt12334 萬年  邾君慶壺 mt12335 萬年	 邾公子害簠g mt05908 萬年  邾公子害簠q mt05908 萬年
 邾公孫班鎛 00140 萬年					
邾	鄒				

 郳君慶壺g ms1056 萬年  郳君慶壺q ms1056 萬年	 郳季脂𦎧簠g ms0571 萬年  郳季脂𦎧簠q ms0571 萬年	 郳季脂𦎧簠g ms0572 萬年  圜君婦媿霝壺 mt12353 萬年	 圜君婦媿霝鎣 09434 [萬]年  圜君婦媿霝壺 ms1055 年萬	 郳壽父鼎 jk2020.1 萬年  郳眉父鼎 jk2020.1 萬年	 畢仲弁簠 mt05912 萬年
郳					

 媵侯穌盨 04428 萬年  滕侯蘇盨 mt05620 萬年	 薛侯盤 10133 萬年  薛侯匜 10263 萬年	 郝仲簠g xs1045 萬年  郝仲簠q xs1045 萬年	 郝仲簠 xs1046 萬年  郝伯祀鼎 02602 萬年	 郝伯鼎 02601 萬年	 弗奴父鼎 02589 萬年
 司馬楙鎛 eb50 萬季(年)					
滕	薛	郝			費

 齊侯匜 10272 萬年	 齊侯匜 10242 萬年	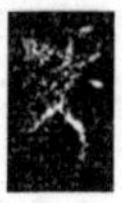 齊伯里父匜 mt14966 萬年			
 齊縈姬盤 10147 萬年	 齊侯盤 10117 萬年				
 齊侯鎛 00271 萬秊(年)	 叔夷鐘 00278 萬秊(年)	 齊侯子仲姜鬲 mx0261 [萬]秊(年)	 齊医敦 04638 萬年	 齊医敦 04639.2 萬年	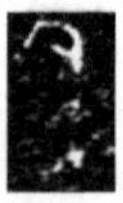 簷叔之仲子平鐘　00174 萬秊(年)
 齊侯盂 10318 萬秊(年)	 叔夷鎛 00285.8 萬秊(年)		 齊医敦 04639.1 萬年	 齊侯作孟姬盤 10123 萬年	 簷叔之仲子平鐘　00175 萬秊(年)
 公子土折壺 09709 萬秊(年)	 洹子孟姜壺 09730 萬秊(年)	 齊侯匜 10283 萬秊(年)	 齊侯鼎 mt02363 萬秊(年)	 慶叔匜 10280 萬秊(年)	 鄘侯少子簋 04152 五年
 洹子孟姜壺 09729 萬秊(年)	 齐侯作孟姜敦 04645 萬秊(年)	 齊侯盤 10159 萬秊(年)			
齊					莒

		 曩侯簋 xs1462 萬年	 哀鼎g mt0231 萬秊(年) 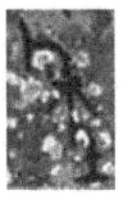 哀鼎q mt0231 萬秊(年)	 尋仲盤 10135 萬年  尋仲匜 10266 萬年	 夆叔盤 10163 萬秊(年)  夆叔匜 10282 萬秊(年)
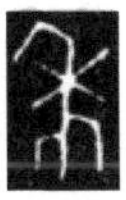 簷叔之仲子平鐘 00177 萬年  簷叔之仲子平鐘 00178 萬秊(年)	 簷叔之仲子平鐘 00179 萬秊(年)  簷叔之仲子平鐘 00180 萬秊(年)				
		 曩公壺 09704 萬秊(年)			
莒		曩		鄅	逄

 鄱甘辜鼎 xs1091 萬年  郜史碩父尊 sh189 萬年	 鄧伯吉射盤 10121 萬年	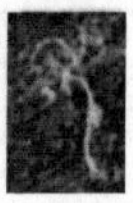 黃子季庚臣簠 ms0589 萬年  黃季鼎 02565 萬年	 叔單鼎 02657 萬年	 □□單盤 10132 萬年  奚□單匜 10235 萬年	 奚子宿車鼎 02603.1 萬年  奚子宿車鼎 02603.2 萬年
 華孟子鼎 mx0207 萬秊(年)		 伯亞臣鐳 09974 萬年  伯遊父鐳 mt14009 萬年			
 賈孫叔子屖盤 mt14512 萬秊(年)  裔官敦年戟 mx1131 裔官敦年戟					
D	鄧	黃			

 奚子宿車鼎 02604.1 萬年	 番口伯者君盤 10139 萬年	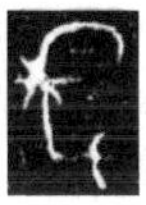 番口伯者君匜 10269 萬年	 番君酟伯鬲 00733 萬年	 番昶伯者君鼎 02617 萬年	 番君伯歡盤 10136 萬年
 郳子宿車盆 10337 萬年	 番口伯者君匜 10268 萬年	 番君酟伯鬲 00732 萬年	 番君酟伯鬲 00734 萬年	 番昶伯者君鼎 02618 萬年	 番伯酓匜 10259 萬年
黃	番				

 番君匜 10271 萬年	 曾伯文簋 04051.1 萬年  曾伯文簋 04051.2 萬年	 曾伯文簋 04052.1 萬年  曾伯文簋 04052.2 萬年	 曾伯文簋 04053 萬年 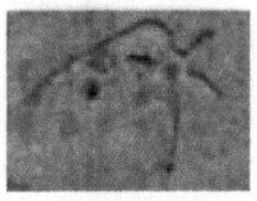 曾伯文簋 mt05028 萬年	 曾仲大父蝨𣪘 04203 萬年  曾仲大父蝨𣪘 04204.1 萬年	 曾仲大父蝨𣪘 04204.2 萬年  曾伯鬲 xs1217 萬年
	 嬭加鎛丁 ms1285 萬年	 曾子仲宣鼎 02737 萬秊(年)			
番	曾				

 曾伯霥簠 04631 萬年	 伯克父鼎 ms0285 萬年	 曾伯克父壺g ms1062 萬年	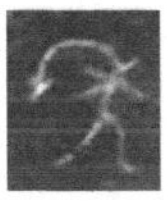 曾伯克父壺 ms1063 萬年	 孟爾克母簠g ms0583 萬年	 曾子伯睿盤 10156 萬秊(年)
 曾伯霥簠 04632 萬年	 曾伯克父簋 ms0509 萬年	 曾伯克父壺q ms1062 萬年	 𠩺右盤 10150 萬年	 孟爾克母簠q ms0583 萬年	

曾

 蔡大善夫趣簠g xs1236 萬年  蔡大善夫趣簠q xs1236 萬年	 蔡公子叔湯壺 xs1892 萬年  蔡侯鼎 xs1905 萬年	 鄦公彭宇簠 04610 萬年  鄦公彭宇簠 04611 萬年	 蛘公諴簠 04600 萬年  上鄀公敄人簋蓋　04183 萬年	 鄀公平侯鼎 02771 萬年  鄀公平侯鼎 02772 萬年	 鄀公諴鼎 02753 萬年
 鄬中姬丹盤 xs471 萬年  鄬中姬丹匜 xs472 萬年			 上鄀公簠g xs401 萬年  上鄀公簠q xs401 萬年		
 蔡侯䜌尊 06010 元年  蔡侯䜌盤 10171 元年	 蔡大師鼎 02738 萬年  蔡叔季之孫貫匜　10284 萬年	 無所簠 eb474 萬秊(年)			
蔡	CE				

 鄂伯邍鼎 ms0241 萬年  [illegible]人犀石盤 ms1200 萬年	 伯戔盤 10160 萬年  伯戔盆g 10341 萬年	 䢅伯業鼎 02622 萬年  䢅伯墉盤 10130 萬年	 䢅盤 10094 萬年  䢅仲匜 mt14953 萬年	 䢅仲無龍匜 10249 萬年 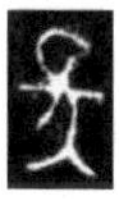 䢅仲無龍鬲 00713 萬年	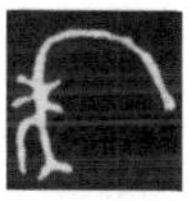 䢅報伯壺蓋 ms1057 萬年  䢅報伯壺蓋 ms1058 萬年
	 叔師父壺 09706 萬年				

CE

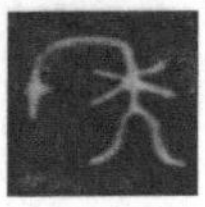 袒帳伯壺 mx0831 萬年 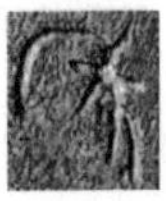 袒仲侯盤 ms1206 萬年	 袒帳伯壺 jjmy011 萬年	 鄁公鼎 02714 萬年  鄁公簋 04016 萬年	 鄁公簋 04017.1 萬年  備兵鼎 jjmy007 萬年	 郕君𢧵鼎 mx0198 萬年  郳伯貝懋盤 mx0941 萬年	 䢅侯盤 ms1205 萬年  醫子奠伯鬲 00742 萬年
		 蔡子𩞁盞g xs1235 萬年  蔡子𩞁盞q xs1235 萬年	 侯孫老簠q ms0586 萬年		
		 侯古堆鎛 xs276 萬年 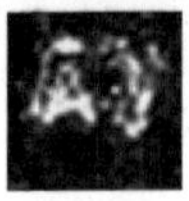 侯古堆鎛 xs277 萬年	 侯古堆鎛 xs278 萬年  侯古堆鎛 xs279 萬年	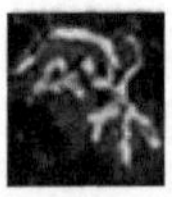 侯古堆鎛 xs280 萬年  侯古堆鎛 xs281 萬年	

CE

 楚嬴盤 10148 萬年  楚嬴匜 10273 萬年	 考叔㝬父簠 04608.1 萬年	 考叔㝬父簠 04609.1 萬年  考叔㝬父簠 04609.2 萬年	 楚太師登鐘 mt15511a 萬年  楚太師登鐘 mt15512a 萬年	 楚太師登鐘 mt15513b 萬年  楚太師登鐘 mt15516b 萬年	 楚太師登鐘 mt15518b 萬年  楚太師鄧子鎛 mx1045 萬年
 東姬匜 xs398 厲(萬)年  何次簠 xs402 萬年	 何次簠g xs403 萬秊(年)  何次簠q xs403 萬秊(年)	 何次簠g xs404 萬秊(年)  何次簠q xs404 萬秊(年)	 王孫誥鐘 xs418 萬秊(年)  王孫誥鐘 xs419 萬秊(年)	 王孫誥鐘 xs420 萬秊(年)  王孫誥鐘 xs421 萬秊(年)	 工孫誥鐘 xs422 萬秊(年)  王孫誥鐘 xs423 萬秊(年)
 復公仲簋蓋 04128 萬年					
楚					

 王孫誥鐘 xs424 萬年(年)	 王孫誥鐘 xs427 萬年(年)	 王孫誥鐘 xs429 萬年(年)	 王孫誥鐘 xs437 萬年(年)	 王孫誥鐘 xs442 萬年(年)	 鄬子受鐘 xs504 十又四年叁月
 王孫誥鐘 xs425 萬年(年)	 王孫誥鐘 xs428 萬年(年)	 王孫誥鐘 xs431 萬年(年)	 王孫誥鐘 xs438 萬年(年)	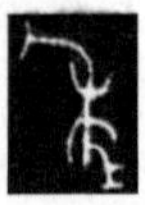 王孫遺者鐘 00261.1 萬年(年)	 鄬子受鐘 xs506 十又四年叁月

楚

 鄬子受鐘 xs509 十又四年叁月  鄬子受鎛 xs513 十又四年叁月	 鄬子受鎛 xs514 十又四年叁月  鄬子受鎛 xs515 十又四年叁月	 鄬子受鎛 xs516 十又四年叁月  鄬子受鎛 xs519 十又四年叁月	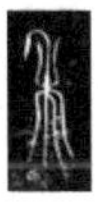 王子午鼎 02811.2 萬年  王子午鼎q xs444 萬年	 王子午鼎 xs445 萬年  王子午鼎 xs446 萬年	 王子午鼎q xs447 萬年

楚

		 單子白盨 04424 萬年  單伯遽父鬲 00737 萬年	 東仲登父簋 mx0404 萬年  東仲登父簋蓋 03924 萬年	 彔簋蓋甲 mx0392 萬年  皇與匜 eb954 眉壽萬年	 郳子良人甗 00945 萬年  王孫壽甗 00946 萬年
					 嘉子孟嬴指缶 xs1806 萬年  掃片昶豯鼎 02570 萬年
 三兒簋 04245 萬年	 者尚余卑盤 10165 萬年				 師麻孝叔鼎 02552 萬年
徐	越	單			

 自作尊鼎 02430 萬年□	 雍鼎 02521 萬年	 眚仲之孫簋 04120 萬年	 伯其父簠 04581 萬年	 伯索史盂 10317 萬年	 仲阪父盆g ms0619 萬年
 伯筍父鼎 02513 萬年	 叔液鼎 02669 萬年	 叔皮父簋 04127 萬年	 冶仲考父壺 09708 萬年	 夢子匜 10245 萬年	 仲阪父盆q ms0619 萬年
 掃片昶豯鼎 02571 萬年	 □偖生鼎 02632 萬年	 伯□父簠 04535 萬年	 般仲柔盤 10143 萬年	 □子季□盆 10339 萬年	
 深伯鼎 02621 萬年	 □偖生鼎 02633 萬年		 公父宅匜 10278 萬年	 西年車器 12018 西年	
 尊父鼎 mt02096 萬年					
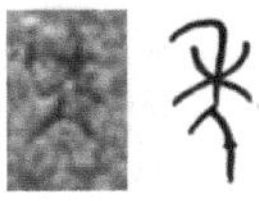 伯怡父鼎 eb312 萬年					

穌　　　　　　　　　　秋

 叔作穌子鼎 01926 穌(蘇)子	 穌貉簠 04659 穌(蘇)貉  穌冶妊鼎 02526 穌(蘇)冶妊	 穌冶妊盤 10118 穌(蘇)冶妊  穌公子段 04014 穌(蘇)予子	 穌公子段 04015 穌(蘇)予子  蘇公匜 xs1465 穌(蘇)公	 滕侯穌盨 04428 滕侯穌(蘇) 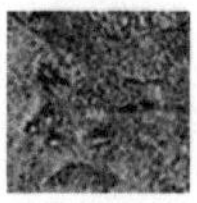 滕侯蘇盨 mt05620 滕侯穌(蘇)	
					 與兵壺q eb878 春䆋(秋)歲嘗  與兵壺 ms1068 春䆋(秋)歲嘗
虢	蘇			滕	鄭

秦

 秦公鼎 xs1340 鎆(秦)公	 秦公簋q mt04250 鎆(秦)公	 秦公簋q mt04251 鎆(秦)公	 秦公鼎 mt01557b 鎆(秦)公	 秦公鼎 mt01559 鎆(秦)公	 秦公簋 mt04387 鎆(秦)公
 秦公鼎 xs1341 鎆(秦)公	 秦公簋g mt04250 鎆(秦)公	 秦公簋g mt04251 鎆(秦)公	 秦公鼎 mt01558 鎆(秦)公	 秦公簋 xs1342 鎆(秦)公	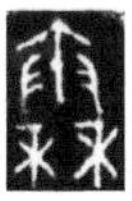 秦公簋 mt04388 鎆(秦)公
 秦公簋 04315.1 鎆(秦)公	 盄和鐘 00270.1 鎆(秦)公	 盄和鐘 00270.1 保業厥鎆(秦)	 秦公戈 mx1238 鎆(秦)公		
 秦公簋 04315.1 保業厥鎆(秦)		 盄和鐘 00270.2 鎆(秦)執事			

秦

 秦公簋 mt04389 𥻆(秦)公	 秦子鎛 mt15771 𥻆(秦)子	 秦公壺 xs1347 𥻆(秦)公	 秦公壺 xs1346 𥻆(秦)公	 秦公鼎 xs1338 𥻆(秦)公	 秦公鼎 eb249 𥻆(秦)公
 秦公鐘 xs1345 𥻆(秦)公	 秦子鎛 mt15771 𥻆(秦)子	 秦公壺 xs1348 𥻆(秦)公	 秦公鼎 xs1337 𥻆(秦)公	 秦公鼎 xs1339 𥻆(秦)公	 秦公壺 mt12184 𥻆(秦)公

秦

 秦公鼎 mx0107 𥘸(秦)公	 秦公簋q mx0334 𥘸(秦)公	 秦公簋q mx0335 𥘸(秦)公	 秦公鐘 00263 𥘸(秦)公	 秦公鐘 00266 𥘸(秦)□	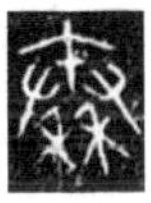 秦公鎛 00267.2 𥘸(秦)公
 秦公簋g mx0334 𥘸(秦)公	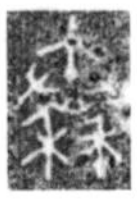 秦公簋g mx0335 𥘸(秦)公	 秦公鐘 00262 𥘸(秦)公	 秦公鐘 00264 𥘸(秦)公	 秦公鎛 00267.1 𥘸(秦)公	 秦公鎛 00268.1 𥘸(秦)公

秦

			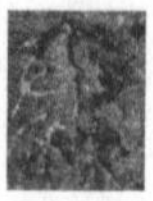		
秦公鎛 00268.2 𥎺(秦)公	秦公鎛 00269.2 𥎺(秦)公	秦公壺 ms1042 𥎺(秦)公	秦公簋 ms0427 𥎺(秦)公	秦子戈 11353 𥎺(秦)子	秦子戈 xs1350 𥎺(秦)子

秦公鎛 00269.1 𥎺(秦)公	秦公壺 ms1041 𥎺(秦)公	秦公鼎 ms0173 𥎺(秦)公	秦子戈 11352a 𥎺(秦)子	秦子戈 xs1349 𥎺(秦)子	秦子戈 mt17209 𥎺(秦)子

秦

  秦政伯喪戈 eb1248 毳(秦)政伯喪  秦政伯喪戈 eb1249 毳(秦)政伯喪	 秦子簋蓋 eb423 毳(秦)子  秦子簋蓋 eb423 毳(秦)子		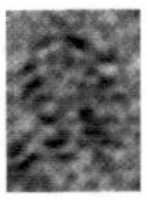 鑄叔盤 mt14456 叔妊毳(秦)	 兒慶鼎 xs1095 毳(秦)妊 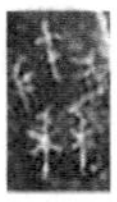 兒慶鬲 mt02867 毳(秦)妊	 兒慶鬲 mt02868 毳(秦)妊 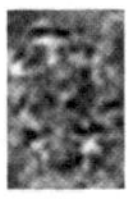 兒慶盤 mt14414 毳(秦)妊
		 鄦子妝簠 04616 毳(秦)嬴			
秦		許	鑄	郳	

 邾慶鬲 mt02782 稄(秦)妊 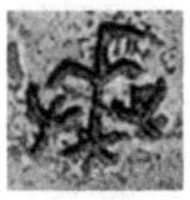 邾慶簠 mt05878 稄(秦)妊	 邾慶簠 mt05879 稄(秦)妊  邾慶匜 mt14955 稄(秦)妊	 邾君慶壺g mt12333 𥣬(秦)妊  邾君慶壺q mt12333 𥣬(秦)妊	 邾君慶壺 mt12335 𥣬(秦)妊  邾君慶壺 mt12336 𥣬(秦)妊	 邾君慶壺g ms1056 𥣬(秦)妊  邾君慶壺q ms1056 𥣬(秦)妊	 郳慶鬲 ms0312 𥣬(秦)妊  邾君慶壺 mt12337 𥣬(秦)妊

郳

 秦王鐘 00037 …𥢶(秦)	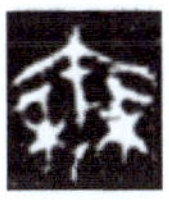 競之定鬲 mt03015 𥢶(秦)戎	 競之定鬲 mt03018 𥢶(秦)戎	 競之定鬲 mt03020 𥢶(秦)戎	 競之定鬲 mt03022 𥢶(秦)戎	 競之定豆 mt06150 𥢶(秦)戎
 秦王鐘 00037 𥢶(秦)戎	 競之定鬲 mt03016 𥢶(秦)戎	 競之定鬲 mt03019 𥢶(秦)戎	 競之定鬲 mt03021 𥢶(秦)戎	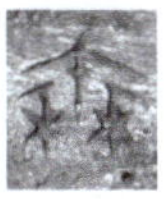 競之定簋 mt04978 𥢶(秦)戎	 競之定豆 mt06151 𥢶(秦)戎
楚					

	稱	析		兼	
			 伯析戈 10895 伯析(析)		
 競之定簋 mt04979 鍫(秦)戎	 曾侯與鐘 mx1034 稱稱倉倉(鏘鏘)	 鄘侯少子簋 04152 鄘侯小子析(析)		 徐王子旃鐘 00182.2 驝(兼)以父兄	 鄱子成周鐘 mt15257 驝以…  鄱子成周鐘 xs285 驝以…
楚	曾	莒		徐	番

香　梁

	 叔朕簠 04620 稻粱  叔朕簠 04621 稻粱	 郜召簠q xs1042 稻粉(粱)  郜召簠g xs1042 稻粉(粱)		 曾伯霥簠 04631 稻粱  曾伯霥簠 04632 稻粱	 黄子季庚臣簠 ms0589 稻秫(粱)
			 庚壺 09733.2B 㔾于梨(粱)		 王孫叔諲甗 mt03362 稻粉(粱)
 公子土折壺 09709 飯香月					
齊	戴	郜	齊	曾	

糧		粱		糊	䉛
	 郐王鼎㯽鼎 02675 徐王㯽	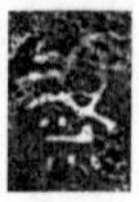 叔休盨 mt05617 寶粱(盨) 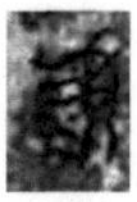 叔休盨 mt05618 寶粱(盨)	 叔休盨 mt05619 寶粱(盨)	 粱姬罐 xs45 作糊匜	
 邾公糧鐘 gs1.金 1.13 邾公糧	 宜桐盂 10320 徐王季糧				 曾夫人鬲 ms0306 曾夫人䉛
邾	徐	晋			曾

窞	麻	耑			家
 曾子伯窞盤 10156 曾子伯窞  曾子白父匜 10207 曾子伯窞		 仲考父盤 jk2020.4 耑(端)誓			 虢季鐘 xs2 用義其家  虢季鐘 xs3 用義其家
	 師麻孝叔鼎 02552 師厤(麻)孝叔		 義楚觶 06462 祭耑(鍴)	 𨛜王币又觶 06506 徐王币又之耑(鍴)  𨛜王币又觶 06506 耑(鍴)溉之炳	
曾		黎	徐		虢

卷七

 晋叔家父壺 xs908 晋叔家父  晋叔家父壺 mt12357 晋叔家父	 晋叔家父盤 ms1188 晋叔家父		 原氏仲簠 xs395 家母  原氏仲簠 xs396 家母	 原氏仲簠 xs397 家母	
 晋公盆 10342 敕乂爾家  晋公盤 mx0952 敕乂爾家					 郜公典盤 xs1043 室家
		 杕氏壺 09715 室家			
晋		燕	陳		郜

		 叔夷鐘 00273.1 公家  叔夷鐘 00274.2 公家	 叔夷鐘 00275.1 萊僕三百又五十家  叔夷鎛 00285.2 公家	 叔夷鎛 00285.4 公家  叔夷鎛 00285.5 萊僕三百又五十家	
 邾公韍父鎛 mt15815 邦家 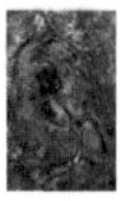 邾公韍父鎛 mt15816 邦家	 邾公韍父鎛 mt15817 邦家  邾公韍父鎛 mt15818 邦家				 賈孫叔子屖盤 mt14512 室家
邾		齊			D

宅

	 叔家父簠 04615 叔家父	 秦公鐘 00262 賞宅受國  秦公鐘 00264 賞宅受國	 秦公鎛 00267.1 賞宅受國  秦公鎛 00268.1 賞宅受國	 秦公鎛 00269.1 賞宅受國	
 嬭加鎛乙 ms1283 邦豪(家)	 侯孫老簠 g ms0586 孟姬義家	 秦公簋 04315.1 鼏宅禹責(蹟)			 晋公盆 10342 建宅京師  晋公盤 mx0952 建厇(宅)京師
	 王孫家戈 mt16849 王孫家				
曾		秦			晋

室

	 公父宅匜 10278 浮公之孫公父宅		 郜史碩父尊 sh189 宗室	 郜公典盤 xs1043 室家	
  曾侯與鐘 mx1029 營厇(宅)汭土	  篣府戈 mt16656 篣府厇(宅)戈	  杕氏壺 09715 室家			 賈孫叔子屖盤 mt14512 室家
曾		燕	郜	郜	D

宣　　　　　宇

	 晉姜鼎 02826 宣切我猷			 鼄公彭宇簠 04610 鼄公彭宇  鼄公彭宇簠 04611 鼄公彭宇	 鼄公彭宇簠 04610 宇其眉壽  鼄公彭宇簠 04611 宇其眉壽
		 曾子仲宣鼎 02737 曾子仲宣  曾子仲宣鼎 02737 宣尚用饔其諸父	 東姬匜 xs398 宣王		
 曾侯與鐘 mx1029 周室  嬭盤 mx0948 周室					
曾	晉	曾	楚	CE	

寏 㝩 寍

 姬寏母豆 04693 姬宊(寏)母	 晋公盆 10342 永㝩(康)寶  晋公盤 mx0952 永㝩(康)寶		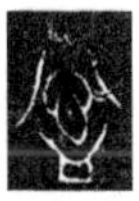 國差罎 10361 鼏静安寍(寧)	 曾公𤾊鎛鐘 jk2020.1 受是丕宓(寍)   曾公𤾊甬鐘 A jk2020.1 受是丕宓(寍)	  曾公𤾊甬鐘 B jk2020.1 受是丕宓(寍)
		 許公寍戈 eb1145 許公𡩡(寍)			
齊	晋	許	齊	曾	

定

			 芮公鼓架銅套 ms1730 芮定公		
 蔡侯紐鐘 00210.1 余非敢寍(寧)忘(荒)  蔡侯紐鐘 00217.1 余非敢寍(寧)忘(荒)	 蔡侯鎛 00219.1 余非敢寍(寧)忘(荒)  蔡侯鎛 00221.1 余非敢寍(寧)忘(荒)	 蔡侯鎛 00222.1 余非敢寍(寧)忘(荒)		 曾孫定鼎 xs1213 曾孫定  曾都尹定簠 xs1214 曾都尹定	 蔡侯紐鐘 00210.1 定均庶邦  蔡侯紐鐘 00211.1 定均庶邦
蔡			芮	曾	蔡

 蔡侯紐鐘 00217.1 定均庶邦  蔡侯鎛 00219.1 定均庶邦	 蔡侯鎛 00222.1 定均庶邦	 秦王鐘 00037 競坪王之定  競之定鬲 mt03015 競之定救秦戎	 競之定鬲 mt03016 競之定救秦戎 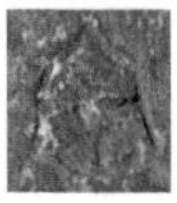 競之定鬲 mt03017 競之定救秦戎	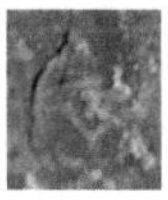 競之定鬲 mt03018 競之定救秦戎  競之定鬲 mt03019 競之定救秦戎	 競之定鬲 mt03020 洛之定<戎>  競之定鬲 mt03021 洛之定<戎>
蔡		楚			

安

				 魯酉子安母簋q mt05902 魯酉子安母  魯酉子安母簋q mt05903 魯酉子安母	 薛子仲安簠 04546.1 薛子仲安  薛子仲安簠 04546.2 薛子仲安
 競之定鬲 mt03022 洛之定〈戎〉	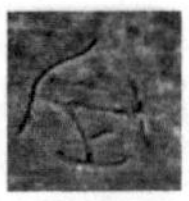 競之定簋 mt04978 競之定救秦戎  競之定簋 mt04979 競之定救秦戎	 競之定豆 mt06150 競之定救秦戎  競之定豆 mt06151 競之定救秦戎	 哀成叔鼎 02782 君既安叀(惠)		
楚			鄭	魯	薛

宴

<table>
<tr>
<td>
薛子仲安簠
04547
薛子仲安

薛子仲安簠
04548
薛子仲安</td>
<td></td>
<td></td>
<td></td>
<td></td>
<td></td>
</tr>
<tr>
<td></td>
<td>
國差罎
10361
鼏(謐)靜安寧</td>
<td>
嫚妊車軎
12030
姪妊作安車</td>
<td></td>
<td></td>
<td></td>
</tr>
<tr>
<td></td>
<td></td>
<td>
中央勇矛
11566.1
勇龠牛安空

行氏伯爲盆
mx0539
爲安夫姬子姑媵盆</td>
<td>
鼄公牼鐘
00151
以宴大夫

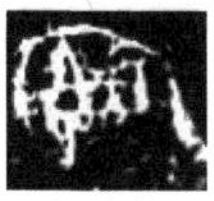
鼄公牼鐘
00152
以宴大夫</td>
<td>
鼄公華鐘
00245
以宴士庶子</td>
<td>
郳公韍觥
mx0891
郳公韍自作商宴觥</td>
</tr>
<tr>
<td>薛</td>
<td>齊</td>
<td></td>
<td colspan="2">邾</td>
<td>郳</td>
</tr>
</table>

	 楚太師登鐘 mt15511a 用宴用喜  楚太師登鐘 mt15512a 用宴用喜	 楚太師登鐘 mt15513a 用宴用喜  楚太師登鐘 mt15514a 用宴用喜	 楚太師登鐘 mt15516a 用宴用喜  楚太師登鐘 mt15519b 用宴用喜	 楚太師鄧子鎛 mx1045 用宴用喜	
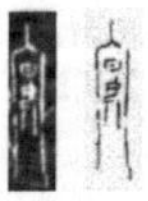 蔡公子宴戈 mx1172 蔡公□宴之戈 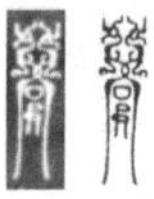 蔡叔子宴戈 mx1171 蔡叔子宴之用					 徐王子旃鐘 00182.2 以宴以喜
蔡	楚				徐

				 郜召簠q xs1042 用實稻粱  郜召簠g xs1042 用實稻粱	
					 國差𦉜 10361 用實旨酒
 吴王光鐘 00224.11 [其]宴(音)[穆穆]	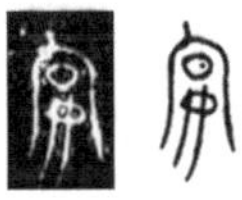 配兒鉤鑃 00427.2 以宴賓客	 吴王壽夢之子劍　xs1407 余窺(親)逆攻之	 杕氏壺 09715 多賽(實)不訏		
吴		吴	燕	郜	齊

寶

 秦公鼎 xs1340 寶用鼎	 秦公簋q mt04250 寶簋	 秦公簋q mt04251 寶簋	 秦公鼎 mt01557 寶用鼎	 秦公鼎 mt01559 寶用鼎	 秦公鐘 00263 其康寶
 秦公鼎 xs1341 寶用鼎	 秦公簋g mt04250 寶簋	 秦公簋g mt04251 寶簋	 秦公鼎 mt01558 寶用鼎	 秦子鎛 mt15771 寶龢鐘	 秦公鎛 00267.2 其康寶
 盄和鐘 00270.2 永寶					

秦

 秦公鎛 00268.2 其康寶  秦公鎛 00269.2 其康寶	 秦公簋g mx0334 寶簋  秦公簋q mx0334 寶簋	 秦公簋g mx0335 寶簋 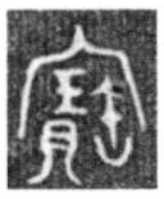 秦公簋q mx0335 寶簋	 内公鐘 00031 永寶用  内公簋蓋 03707 永寶用	 内公簋蓋 03708 永寶用  内公簋蓋 03709 永寶用	 内公壺 09596 永寶用 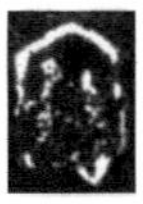 内公壺 09597 永寶用
秦			芮		

 内公壺 09598 永寶用	 内大子白壺 09645.1 寶壺	 芮太子白鬲 mt2980 萬寶鬲	 芮太子白鬲 mt2898 寶鬲	 芮公鬲 eb77 永寶用享	 内公鼎 00743 永寶用享
 内大子白壺蓋 09644 寶壺	 内大子白壺 09645.2 寚(寶)壺	 芮太子白鬲 mt2981 萬寶鬲	 芮太子白鬲 mt2899 寶鬲	 芮太子鬲 eb78 永寚(寶)用享	 内公鼎 02475 永寶用享

芮

 芮公奞父壺 ms1046 作造寶尊	 芮公鼎 ms0254 寶鼎	 芮公鼎 ms0255 寶鼎	 内公鼎 02387 永寶用	 内子仲□鼎 02517 永寶用	 芮子仲㱿鼎 mt02125 永寶用
 太师小子白歡父鼎 ms0261 永寶用	 芮公鼎 ms0254 永寶用享	 芮公鼎 ms0255 永寶用享	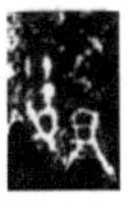 内公鼎 02389 永寶用		 芮子仲鼎 mt01910 永寶用享

芮

 内公簋 04531 寶齍  内公簋 04531 永寶用享	 虢季鐘 xs2 虢季作寶  虢季鐘 xs3 虢季作寶	 虢季鐘 xs5 虢季作寶  虢季鐘 xs6 虢季作寶	 虢季鐘 xs7 虢季作寶  虢季鐘 xs8 虢季作寶	 虢季鼎 xs9 永寶用享  虢季鼎 xs10 寶鼎	 虢季鼎 xs10 永寶用享  虢季鼎 xs11 寶鼎
芮	虢				

 虢季鼎 xs11 永寶用享	 虢季鼎 xs12 永寶用享	 虢季鼎 xs13 永寶用享	 虢季鼎 xs14 永寶用享	 虢季鼎 xs15 永寶用享	 虢季𣪘g xs16 寶簋
 虢季鼎 xs12 寶鼎	 虢季鼎 xs13 寶鼎	 虢季鼎 xs14 寶鼎	 虢季鼎 xs15 寶鼎	 虢季𣪘q xs17 寶簋	 虢季𣪘q xs16 寶簋

虢

 虢季設g xs16 永寶用	 虢季設g xs18 寶簋	 虢季設 xs19 寶簋	 虢季設g xs20 永寶用	 虢季設g xs21 寶簋	 虢季設g xs21 永寶用
 虢季設q xs16 永寶用	 虢季設q xs18 寶簋	 虢季鬲 xs29 永寶用享	 虢季設q xs20 永寶用	 虢季設q xs21 寶簋	 虢季設q xs21 永寶用

虢

 虢季鬲 xs22 寶鬲	 虢季鬲 xs23 寶鬲	 虢季鬲 xs24 寶鬲	 虢季鬲 xs25 寶鬲	 虢季鬲 xs26 寶鬲	 虢季鬲 xs27 寶鬲
 虢季鬲 xs22 永寶用享	 虢季鬲 xs23 永寶用享	 虢季鬲 xs24 永寶用享	 虢季鬲 xs25 永寶用享	 虢季鬲 xs26 永寶用享	 虢季鬲 xs27 永寶用享
虢					

 虢季盨g xs31 永寶用  虢季盨q xs31 永寶用	 虢季盨g xs32 永寶用  虢季盨q xs32 永寶用	 虢季盨g xs33 永寶用  虢季盨q xs33 永寶用	 虢季盨g xs34 永寶用  虢季盨q xs34 永寶用	 虢季簠g xs35 寶齍  虢季簠q xs35 寶齍	 虢季簠g xs35 永寶用  虢季簠q xs35 永寶用
虢					

 虢季壺 xs38 寶壺	 虢季盤 xs40 寶盤	 國子碩父鬲 xs48 永寶用享	 虢仲簠 xs46 永寶用	 虢碩父簠g xs52 永寶用享	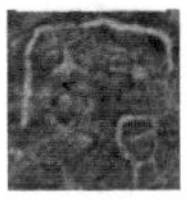 虢姜鼎 mt01839 永寶用
 虢季壺 xs38 永寶用	 虢季盤 xs40 永寶用	 虢仲簠 xs46 寶藍	 國子碩父鬲 xs49 永寶用享	 虢碩父簠q xs52 永寶用享	 虢姜壺 mt12223 永寶用

虢

 虢季氏子組鬲 00662 永寚(寶)用享	 虢季氏子組簋 03971 永寚(寶)用享	 虢季氏子組簋 03972 永寚(寶)用享	 虢季氏子組壺 09655 永寚(寶)其用享	 虢季氏子組壺 09655 寶壺	 賙金氏孫盤 10098 寶盤
 虢季氏子組鬲 mt02888 永寚(寶)用	 虢季甗 ws2020.1 永寶用享	 虢季氏子組簋 03973 永寚(寶)用享	 虢季氏子組盤 ms1214 永寶用享	 虢季子組鬲 00661 永寶用享	 賙金氏孫盤 10098 永寶用

號

 虢嬗□盤 10088 永寶用 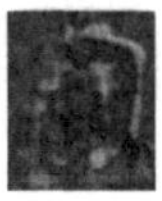 城父匜 mt14927 永寶用	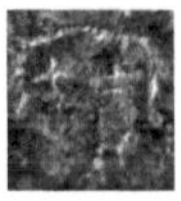 虢姜甗 mt03301 永寶用  虢虎父鼎 ms0238 永寶用	 筍侯匜 10232 寶盉  筍侯匜 10232 永寶用	 虞侯政壺 09696 寶壺  虞侯政壺 09696 永寶用	 戎生鐘 xs1616 寶協鐘  戎生鐘 xs1620 永寶用	 太師盤 xs1464 永用爲寶
				 子犯鐘 xs1015 永寶用樂 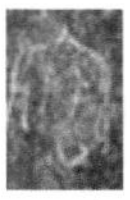 子犯鬲 mt02727 寶鬲	 晋公盆 10342 永康(康)寶  晋公盤 mx0952 永康(康)寶
				 郘黛鐘 00226 永以爲寶  郘黛鐘 00228 永以爲寶	 郘黛鐘 00231 永以爲寶  郘黛鐘 00232 永以爲寶
虢		荀	虞	晋	

 晋侯簋g mt04712 永寶用  晋侯簋q mt04712 永寶用	 晋侯簋g mt04713 永寶用享  晋侯簋q mt04713 永寶用	 晋姞盤 mt14461 其萬年寶用  晋姞匜 mt14954 其萬年寶用	 晋叔家父壺 xs908 永寶用享  晋叔家父壺 mt12357 永寶用	 晋姜鼎 02826 寶尊鼎  晋侯簋 ms0467 永寶用	 晋刑氏鼎 ms0247 寶鼎 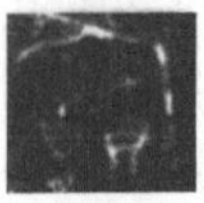 晋刑氏鼎 ms0247 永寶用享
 邵黛鐘 00233 永以爲寶  邵黛鐘 00235 永以爲寶					
晋					

 叔休盨 mt05617 寶盨  叔休盨 mt05618 寶盨	 叔休盨 mt05619 寶盨  叔休盤 mt14482 寶盤	 叔休盉 mt14778 寶盉  叔休鼎 ms0260 寶鼎	 叔休壺 ms1059 寶壺  叔休壺 ms1060 寶壺	 楷宰仲考父鼎 jk2020.4 寶鼎  楷侯宰吹壺甲g jk2020.4 寶壺	 楷侯宰吹壺甲q jk2020.4 寶壺  楷侯宰吹壺乙g jk2020.4 寶壺
晋				黎	

 楷侯宰吹壺乙q jk2020.4 寶壺	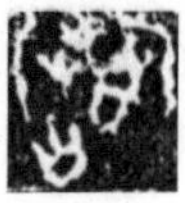 燕仲盨g kw2021.3 寶盨  燕仲盨g kw2021.3 永寶用之	 燕仲盨q kw2021.3 寶盨  燕仲盨q kw2021.3 永寶用之	 燕仲盘 kw2021.3 [永]寶用  燕仲匜 kw2021.3 永寶用	 燕仲鬲 kw2021.3 永寶用享  琱射壺 kw2021.3 永寶用享	 燕仲鼎 kw2021.3 永寶用享
	 匽公匜 10229 永寶用				
黎	燕				

 衛伯須鼎 xs1198 寶鼎	 宗婦鄁嬰鼎 02683 永寶用  宗婦鄁嬰鼎 02684 永寶用	 宗婦鄁嬰鼎 02685 永寶用  宗婦鄁嬰鼎 02686 永寶用	 宗婦鄁嬰鼎 02687 永寶用  宗婦鄁嬰鼎 02688 永寶用	 宗婦鄁嬰鼎 02689 永寶用  宗婦鄁嬰毁蓋 04076 永寶用	 宗婦鄁嬰毁 04077 永寶用  宗婦鄁嬰毁 04078 永寶用
衛	BC				

 宗婦鄁嫛殷 04079 永寶用  宗婦鄁嫛殷 04080 永寶用	 宗婦鄁嫛殷 04081 永寶用  宗婦鄁嫛殷 04083 永寶用	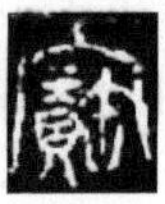 宗婦鄁嫛殷 04084 永寶用  宗婦鄁嫛殷 04085 永寶用	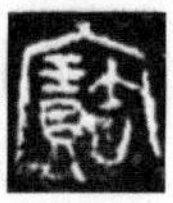 宗婦鄁嫛殷 04086.1 永寶用 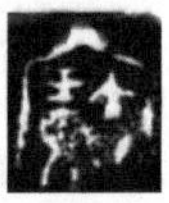 宗婦鄁嫛殷 04086.2 永寶用	 宗婦鄁嫛壺 09698.2 永寶用  宗婦鄁嫛壺 09699.1 永寶用	 宗婦鄁嫛盤 10152 永寶用
BC					

 單子白盨 04424 永寶用  單伯遼父鬲 00737 永寶用享	 王作贊母鬲 00611 寶鬻彝	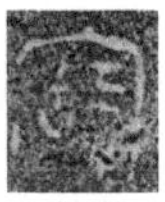 毛叔虎父簋g hx2021.5 子子孫孫永寶  毛叔虎父簋g mx0424 子子孫孫永寶	 毛叔虎父簋q mx0424 子子孫孫永寶  毛叔虎父簋q hx2021.5 子子孫孫永寶	 毛百父匜 mx0988 毛百父  毛百父匜 mx09885 永寶用享	 毛百父鼎 hx2021.5 寶鼎  毛虎壺q hx2021.5 永寶用
單	周	毛			

 毛虎壺g hx2021.5 永寶  毛百父鼎 hx2021.5 永寶用	 毛叔盤 10145 寶盤	 京叔盨q xs1964 永寶用  京叔盨g xs1964 永寶用	 鄭師口父鬲 00731 永寶用  伯高父甗 00938 永寶	 鄭戕句父鼎 02520 永寶用  鄭伯氏士叔皇父鼎　02667 永寶用享	 召叔山父簠 04601 用爲永寶  召叔山父簠 04602 用爲永寶
		 鄭子石鼎 02421 永寶用  鄭大内史叔上匜　10281 永寶用之			
		 與兵壺q eb878 永寶教之  與兵壺g eb878 永寶教之			
毛		鄭			

 鄭義伯繻 09973.1 永寶  鄭義伯繻 09973.2 永寶	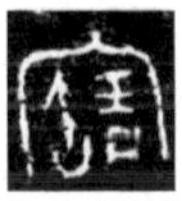 子耳鼎 mt02253 永寶用  寶登鼎 mt02122 永寶用享	 寶登鼎 mt02122 鄭噩叔之子宝(寶)登	 穌冶妊鼎 02526 永寶用  穌冶妊盤 10118 永寶用之	 穌公子𣪘 04014 永寶用享  穌公子𣪘 04015 永寶用享	 許成孝鼎 mx0190 永寶用之  伯國父鼎 mx0194 永寶用享
					 鄦公買簠 04617.2 永寶用之
鄭			蘇		許

 鄦奓魯生鼎 02605 永寶用	 陳生隺鼎 02468 永寶用	 陳侯作嘉姬毁 03903 永寶用  陳侯作嘉姬毁 03903 寶簋	 陳医壺 09633.1 永寶用  陳医壺 09633.2 永寶用	 陳医壺 09634.1 永寶用  陳医壺 09634.2 永寶用	 戈叔朕鼎 02690 永寶用之  戈叔朕鼎 02692 永寶用之
	 陳大喪史仲高鐘　00350 永寶用之  陳大喪史仲高鐘　00353.2 永寶用之	 陳大喪史仲高鐘　00354.2 永寶用之  陳大喪史仲高鐘　00355.2 永寶用之			
 鄦公買簠g eb475 永寶用之  鄦公買簠q eb475 永寶用之					
許	陳				戴

 叔朕簠 04620 永寶用之	 𢦏伯匜 10246 寶匜	 商丘叔簠 04557 永寶用	 商丘叔簠 04559.1 永寶用	 商丘叔簠 xs1071 永寶用	 曹伯狄毁 04019 永寶用享
 叔朕簠 04621 永寶用之	 𢦏伯匜 10246 永寶用之	 商丘叔簠 04558 永寶用	 商丘叔簠 04559.2 永寶用		
戴		宋			曹

 杞子每刃鼎 02428 寶鼎	 杞伯每亡鼎 02494.1 寶鼎	 杞伯每亡鼎 02495 寶鼎	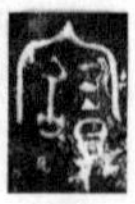 杞伯每亡鼎 02642 寶鼎	 杞伯每亡𣪘 03897 寶簋	 杞伯每亡𣪘 03898.1 寶簋
 杞子每刃鼎 02428 其萬年寶	 杞伯每亡鼎 02494.1 永寶用	 杞伯每亡鼎 02495 永寶用	 杞伯每亡鼎 02642 永寶用享	 杞伯每亡𣪘 03897 永寶用享	 杞伯每亡𣪘 03898.1 永寶用享

杞

 杞伯每亡毁 03898.2 寶簋	 杞伯每亡毁 03899.1 寶簋	 杞伯每亡毁 03899.2 寶簋	 杞伯每亡毁 03901 寶簋	 杞伯每亡毁 03900 寶簋	 杞伯每亡壺蓋 09687 寶壺
 杞伯每亡毁 03898.2 永寶用享	 杞伯每亡毁 03899.1 永寶用享	 杞伯每亡毁 03899.2 永寶用	 杞伯每亡毁 03901 永寶用享	 杞伯每亡毁 03900 永寶用	 杞伯每亡壺蓋 09687 永寶用享

杞

 杞伯每亡𣪘 03902.2 永寶用享  杞伯每刃簋 mt04860 永寶用	 杞伯每亡壺 09688 永寶用享  杞伯每亡匜 10255 寶匜	 杞伯每亡匜 10255 永寶用  杞伯每亡盆 10334 寶盁	 杞伯每亡盆 10334 永寶用  杞伯雙聯鬲 mx0262 永寶用	 杞伯每亡壺 09688 宝(寶)壺	 魯侯鼎 xs1067 永寶用  魯侯簠 xs1068 永寶用
杞					魯

 魯仲齊鼎 02639 永寶用享	 魯司徒仲齊盨 04441.1 永寶用享	 魯司徒仲齊盨 04441.2 永寶用享	 魯司徒仲齊匜 10275 寶匜	 魯伯俞父簠 04566 永寶用	 魯伯愈父簠 ms0561 永寶用
 魯仲齊甗 00939 永寶用	 魯司徒仲齊盨 04440.1 永寶用享	 魯司徒仲齊盤 10116 永寶用享	 魯司徒仲齊匜 10275 永寶用享	 魯伯俞父簠 04567 永寶用	 魯伯俞父簠 04568 永寶用
 魯大司徒厚氏元簠　04689 永寶用之	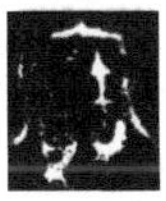 魯大司徒厚氏元簠　04690.2 永寶用之	 魯大司徒厚氏元簠　04691.2 永寶用之	 魯大司徒元盂 10316 永寶用	 魯少司寇封孫宅盤　10154 永寶用之	
 魯大司徒厚氏元簠　04690.1 永寶用之	 魯大司徒厚氏元簠　04691.1 永寶用之	 魯大左嗣徒元鼎　02592 永寶用之			

魯

 魯伯愈父鬲 00690 永宲(寶)用	 魯伯愈父鬲 00692 永寶用	 魯伯愈父鬲 00694 永寶用	 魯伯愈父盤 10113 永寶用	 魯伯愈父盤 10115 永寶用	 魯姬鬲 00593 永寶用
 魯伯愈父鬲 00691 永寶用	 魯伯愈父鬲 00693 永寶用	 魯伯愈父鬲 00695 永寶用	 魯伯愈父盤 10114 永寶用	 魯伯愈父匜 10244 永寶用	 魯宰駟父鬲 00707 永寶用
魯					

 魯伯大父作季姬婧簋　03974 永寶用	 魯伯大父作孟姜簋　03988 永寶用	 魯伯匜 10222 寶匜	 魯宰兩鼎 02591 寶鼎	 魯伯悆盨 04458.1 永寶用享	 魯士浮父簠 04517.1 永寶用
 魯大宰邍父簋 03987 永寶用	 魯伯大父作仲姬俞簋　03989 永寶用享	 魯伯匜 10222 永寶用	 魯宰兩鼎 02591 永寶用之	 魯伯悆盨 04458.2 永寶用享	 魯士浮父簠 04517.2 永寶用

魯

<table>
<tr>
<td>
魯士浮父簠
04518
永寶用

魯士浮父簠
04519
永寶用</td>
<td>
魯士浮父簠
04520
永寶用

魯酉子安母簠g
mt05902
永寶用</td>
<td>
魯酉子安母簠q
mt05902
永寶用

魯酉子安母簠g
mt05903
永寶用</td>
<td>
魯酉子安母簠q
mt05903
永寶用</td>
<td>
禽簋
hx2022. 2
寶簋
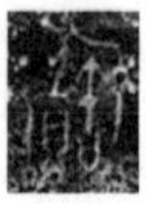
禽簋
hx2022. 2
永寶用</td>
<td>
薛子仲安簠
04546.1
永寶用享

薛子仲安簠
04546.2
永寶用享</td>
</tr>
<tr><td></td><td></td><td></td><td></td><td></td><td></td></tr>
<tr><td></td><td></td><td></td><td></td><td></td><td></td></tr>
<tr><td colspan="5">魯</td><td>薛</td></tr>
</table>

 薛子仲安簠 04547 永寶用享  薛侯盤 10133 永寶用	 薛侯匜 10263 永寶用	 邾叔彪父簠g ms0573 永寶用享  邾叔彪父簠q ms0573 永寶用享	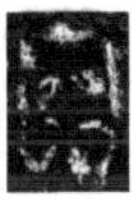 邾叔彪父簠 04592 永寶	 鼄討鼎 02426 永寶用  邾口白鼎 02640 永寶用	 邾口白鼎 02641 永寶用  邾伯御戎鼎 02525 寶鼎
		 虖钔丘君盤 wm6,200 永寶用之			
		 鼄大宰簠 04623 永寶用之  鼄大宰簠 04624 永寶用之			
薛		邾			

鼄伯鬲
00669
永寶用

 邾伯御戎鼎 02525 永寶用	 邾友父鬲 mt02939 寶鬲  邾友父鬲 mt02939 永寶用	 邾友父鬲 mt02942 寶鬲  邾友父鬲 mt02942 永寶用	 鼄友父鬲 00717 寶鬲  鼄友父鬲 00717 永寶用	 邾友父鬲 xs1094 寶鬲  邾友父鬲 xs1094 永寶用	 邾友父鬲 mt02941 寶鬲
	 郳公𩏃父鎛 mt15815 作正朕賨(寶) 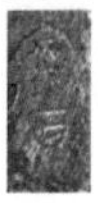 郳公𩏃父鎛 mt15816 作正朕賨(寶)	 郳公𩏃父鎛 mt15817 作正朕賨(寶)  郳公𩏃父鎛 mt15818 作正朕賨(寶)			
邾	郳				

 郳友父鬲 mt02941 永寶用  鼄□匜 10236 寶鬲	 鼄□匜 10236 永寶用  郳壽父鼎 jk2020.1 永寶用享	 郳眉父鼎 jk2020.1 永寶用享  兒慶鼎 xs1095 永寶用	 郳君慶壺g ms1056 永寶用  郳君慶壺q ms1056 永寶用	 郳慶鬲 ms0312 永寶用  郳季脂𦾔簠g ms0571 寶𥂴	 郳季脂𦾔簠q ms0571 寶𥂴  郳季脂𦾔簠g ms0572 寶匿(𥂴)

郳

 郳季脂𦎫簠g ms0571 永寶用	 郳季脂𦎫簠g ms0572 永寶用	 郳公子害簠q mt05907 永寶用	 郳季脂𦎫簠g ms0572 永寶用	 郳公子害簠q mt05907 永寶用	 僉父瓶g mt14036 永寚(寶)用之
 郳季脂𦎫簠q ms0571 永寶用	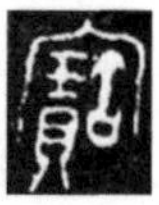 郳公子害簠g mt05907 永寶用	 郳公子害簠 mt05908 永寶用	 郳公子害簠g mt05907 永寶用	 郳公子害簠 mt05908 永寶用	 僉父瓶q mt14036 永寚(寶)用之

郳

 兒慶鬲 mt02867 永寶用	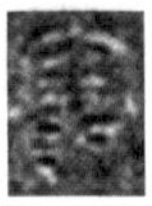 兒慶盤 mt14414 永寶用	 郳慶簠 mt05879 永寶用享	 郳君慶壺q mt12333 永寶用	 郳慶匜 mt14955 永寶用享	 圓君鼎 02502 [永]寶[用]
 兒慶鬲 mt02868 永寶用	 郳慶簠 mt05878 永寶用享	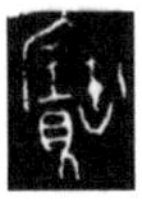 郳君慶壺g mt12333 永寶用	 郳君慶壺 mt12334 永寶用	 畢仲弁簠 mt05912 永寶用之	 子皇母簠 mt05853 永寶用之

郳

 滕侯鮇盨 04428 永寶用	 邿仲簠g xs1045 萬年眉寶	 邿仲簠g xs1045 寶簠	 邿仲簠q xs1045 萬年眉寶	 邿仲簠 xs1046 寶簠	 邿仲簠 xs1046 永寶用
 滕侯蘇盨 mt05620 永寶用	 邿仲簠g xs1045 永寶用	 邿仲簠q xs1045 寶簠	 邿仲簠q xs1045 永寶用	 邿仲簠 xs1046 萬年眉寶	 邿造譴鼎 02422 寶鼎
滕	邿				

 郜譴簋 04040.1 寶簋  郜譴簋 04040.2 寶簋	 郜伯鼎 02601 永寶用  郜伯祀鼎 02602 永寶用享	 郜譴簋 04040.1 永寶用享  郜譴簋 04040.2 永寶用享	 郜譴簋 mt05022 寶簋  郜譴簋 mt05022 永寶用享	 弗奴父鼎 02589 永寶用	 齊侯子行匜 10233 寶匜  齊侯子行匜 10233 永寶用享
					 齊侯鎛 00271 寶鎛  齊侯盂 10318 寶盂
郜				費	齊

 齊侯匜 10272 寶匜  齊侯匜 10272 永寶用	 齊趫父鬲 00685 寶鬲  齊趫父鬲 00686 寶鬲	 齊趫父鬲 00685 永寶用享  齊趫父鬲 00686 永寶用享	 齊侯匜 10242 寶匜  齊侯盤 10117 寶盤	 齊縈姬盤 10147 寶盤  齊伯里父匜 mt14966 永寶用	 齊不超鬲 mt02926 永寶用
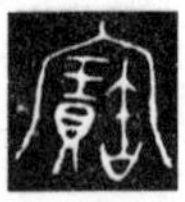 國差𦉜 10361 寶𦉜	 叔夷鐘 00277.1 寶鐘  叔夷鎛 00285.7 寶鎛	 齊侯作孟姬盤 10123 寶盤  姬寏母豆 04693 永寶用			

齊

 鑄子叔黑臣鬲 00735 寶鬲  鑄子叔黑臣鬲 00735 永寶用	 鑄子叔黑臣鼎 02587 寶鼎  鑄子叔黑臣鼎 02587 永寶用	 鑄子叔黑臣簋 03944 寶簋  鑄子叔黑臣簋 03944 永寶用	 鑄子叔黑臣盨 04423 寶盨  鑄子叔黑臣盨 04423 永寶用	 鑄子叔黑臣簠 04570.1 寶䀇  鑄子叔黑臣簠 04570.1 永寶用	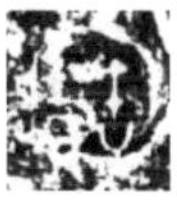 鑄子叔黑臣簠 04570.2 寶䀇  鑄子叔黑臣簠 04570.2 永寶用
 鑄司寇鼎 xs1917 永寶用	 祝司寇獸鼎 02474 永寶用  祝司寇獸鼎 02474 寶鼎				
鑄					

 鑄子叔黑臣簠 04571.1 寶醢	 鑄子叔黑臣簠 04571.2 寶醢	 叔黑臣匜 10217 寶匜	 鑄子叔黑臣盨 mt05608 寶盨	 鑄公簠蓋 04574 永寶用	 鑄叔作嬴氏鼎 02568 永寶用
 鑄子叔黑臣簠 04571.1 永寶用	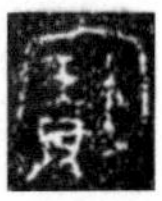 鑄子叔黑臣簠 04571.2 永寶用	 叔黑臣匜 10217 永寶用	 鑄子叔黑臣盨 mt05608 永寶用	 鑄叔作嬴氏鼎 02568 寶鼎	 鑄叔作嬴氏簠 04560.1 寶醢

鑄

 鑄叔作嬴氏簠 04560.1 永寶用	 鑄叔作嬴氏簠 04560.2 永寶用	 鑄叔盤 mt14456 永寶用	 尋仲盤 10135 寶盤	 尋仲匜 10266 寶匜	 己華父鼎 02418 寶鼎
 鑄叔作嬴氏簠 04560.2 寶簠	 鑄子撫匜 10210 永寶用		 尋仲盤 10135 永寶用	 尋仲匜 10266 永寶用	 己侯壺 09632 永寶用
鑄			鄩		纪

 曩侯弟叟鼎 02638 寶鼎  曩侯弟叟鼎 02638 永寶用	 曩甫人匜 10261 寶匜	 曩甫人匜 10261 永寶用  曩侯簋 xs1462 永寶用	 鄁甘辜鼎 xs1091 永寶用享  干氏叔子盤 10131 永寶用之		 鄧公簋 03775 永寶用  鄧公簋 03776 永寶用
			 華孟子鼎 mx0207 寶鼎  諸匜 sh696 永寚(寶)用	 取膚上子商盤 10126 永寶用  取膚上子商匜 10253 永寶用	
			 荊公孫敦 04642 大寶(寶)無期  荊公孫敦 mt06070 大寶(寶)無期		
	曩		D		鄧

 鄧公孫無忌鼎 xs1231 永寶用之  伯氏始氏鼎 02643 永寶用	 鄧伯吉射盤 10121 永寶用享	 昜娟鼎 ms0225 寶鼎  昜娟鼎 ms0225 永寶用享	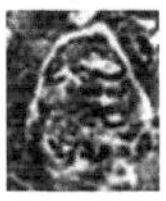 樊伯千鼎 mx0200 永寶用享 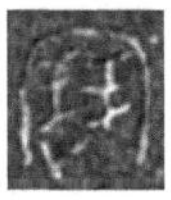 樊孫伯渚鼎 mx0197 寚(寶)鼎	 樊君鬲 00626 媵器寶鬻	 黃仲匜 10214 永寶用享  黃季鼎 02565 寶鼎
			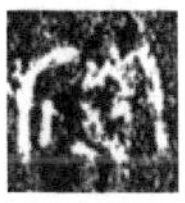 樊君匜 10256.1 永寶用享 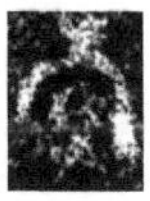 樊君匜 10256.2 永寶用享	 樊君盆 10329.1 寶盆  樊君盆 10329.2 寶盆	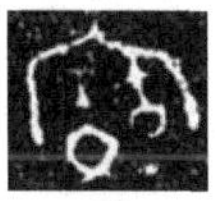 伯亞臣鐳 09974 永寶是尚
		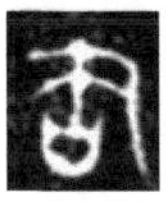 唐子仲瀕兒盤 xs1211 永庢(寶)用之			
鄧		唐	樊		黃

 黃季鼎 02565 永寶用享	 叔單鼎 02657 永寶用享	 □□單盤 10132 永寶用享	 奚子宿車鼎 02603.1 子孫永寶	 奚子宿車鼎 02604.1 子孫永寶	 郯季寬車盤 10109 永寶用之
 黃子季庚臣簠 ms0589 永寶是尚		 奚□單匜 10235 寚(寶)匜	 奚子宿車鼎 02603.2 子孫永寶	 郯季寬車匜 10234 永寶用之	 郯子宿車盆 10337 永寶用享
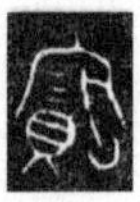 黃太子白克盤 10162 永寶用之		 伯遊父壺 mt12412 永寶用之	 伯遊父鐳 mt14009 永寶用之	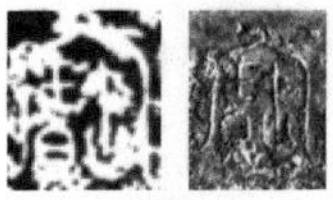 伯遊父卮 mt19239b 永寶是尚	
 黃太子白克盆 10338 永寶用之		 伯遊父壺 mt12413 永寶用之	 伯遊父盤 mt14510 永寶用之		

黃

 番□伯者君盤 10139 寶盤  番□伯者君盤 10139 永寶用享	 番□伯者君盤 10140 永寚(寶)用之  番□伯者君匜 10268 寶匜	 番□伯者君匜 10268 永寶用享  番□伯者君匜 10269 永害(寶)用享	 番□伯者君匜 10269 寚(寶)匜  番君酝伯鬲 00732 宔(寶)鼎	 番君酝伯鬲 00733 宔(寶)鼎  番君酝伯鬲 00734 宔(寶)鼎	 番昶伯者君鼎 02617 寶鼎  番昶伯者君鼎 02617 永寶用
 番君召簠 04582 永寶用  番君召簠 04583 永寶用之	 番君召簠 04584 永寶用之  番君召簠 04585 永寶用之	 番君召簠 04586 永寶用之  番君召簠 04587 永寶用之	 番君召簠 ms0567 永寶		
番					

 番昶伯者君鼎 02618 寶鼎  番昶伯者君鼎 02618 永寶用	 昶伯業鼎 02622 寶𥗪𥂴 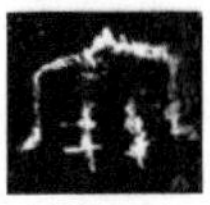 番伯酓匜 10259 永寚(寶)用	 番君匜 10271 寶匜  番君匜 10271 永寶用享	 番叔壺 xs297 寶壺  番伯☐孫鬲 00630 寶鬲	 曾伯文簋 04051.1 寶簋  曾伯文簋 04051.1 永寶用享	 曾伯文簋 04051.2 寶簋  曾伯文簋 04051.2 永寶用享
				 曾子仲宣鼎 02737 寶鼎  曾子仲宣鼎 02737 永寶用享	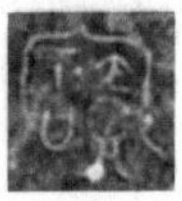 曾公子叔涹簠g mx0507 永寶用之
番				曾	

 曾伯文簋 04052.1 寶簋	 曾伯文簋 04052.2 永寶用享	 曾伯文簋 04053 永寶自<用>享	 曾伯文簋 mt05028 寶簋	 曾仲大父螽毁 04203 寶簋	 曾仲大父螽毁 04204.1 寶簋
 曾伯文簋 04052.1 永寶用享	 曾伯文簋 04053 寶簋		 曾伯文簋 mt05028 永寶用享	 曾仲大父螽毁 04203 永寶用享	 曾仲大父螽毁 04204.1 永寶用享
 曾侯宝鼎 mt02219 曾侯宝	 曾侯宝鼎 mx0187 曾侯宝	 曾侯宝簋 mt04976 曾侯宝	 曾侯宝鼎 mx0185 曾侯宝	 曾侯寶鼎 ms0265 曾侯寶	 曾孫無期鼎 02606 永寶用之
 曾侯宝鼎 mt02220 曾侯宝	 曾侯宝簋 mt04975 曾侯宝	 曾侯宝壺 mt12390 曾侯宝	 曾侯宝鼎 mx0186 曾侯宝		 曾□□簠 04614 永寶用之
曾					

 曾仲大父螽𣪕 04204.2 寶簋  曾仲大父螽𣪕 04204.2 永寶用享	 曾伯鬲 xs1217 寶尊鬲  曾伯鬲 xs1217 永寶用	 曾子伯睿盤 10156 永寶用享  曾仲斿父簠 04673 寶甫(簠)	 曾仲斿父簠 04674 寶甫(簠)  曾仲斿父方壺 09628.1 寶尊壺	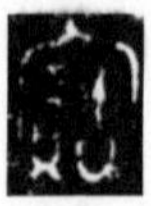 曾仲斿父方壺 09629.1 寶尊壺 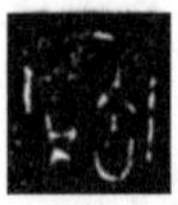 曾太保簠g ms0559 寶盂	 曾太保簠q ms0559 寶盂  曾子單鬲 00625 寶鬲
曾					

 炏右盤 10150 寶盤	 伯克父鼎 ms0285 寶鼎	 曾伯克父簋 ms0509 寶簋	 曾伯克父甗 ms0361 永寶	 曾伯克父盨 ms0539 永寶	 曾伯克父壺g ms1062 永寶用
 炏右盤 10150 永寶用享	 伯克父鼎 ms0285 永寶用享	 曾伯克父簋 ms0509 永寶用	 曾伯克父盨 ms0538 永寶	 曾伯克父壺g ms1062 寶飤壺	 曾伯克父壺q ms1062 寶飤壺

曾

 曾伯克父壺q ms1062 永寶用	 曾伯克父壺 ms1063 永寶用	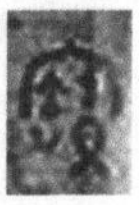 孟爾克母簠g ms0583 爲子孫寶	 曾伯從寵鼎 02550 寶鼎	 曾伯宮父穆鬲 00699 寶尊鬲	 曾伯霥簠 04631 永寶用之享
 曾伯克父壺 ms1063 寶飤壺	 曾伯霥壺 ms1069 永寶	 孟爾克母簠q ms0583 爲子孫寶	 曾仲子敔鼎 02564 寶鼎	 曾太保慶盆 eb965 寶皿	 曾伯霥簠 04632 永寶用之享

曾

<table>
<tr>
<td>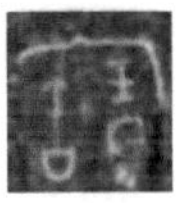
曾子伯皮鼎
mx0166
寶鼎

曾太保嬦簋
mx0425
寶簋</td>
<td>
曾師季䡊盤
10138
寶盤

竈乎簋
04157.2
寶簋</td>
<td>
竈乎簋
04158.1
寶簋

竈乎簋
04158.2
寶簋</td>
<td>
蔡大善夫趣簠g
xs1236
永寶用之

蔡大善夫趣簠q
xs1236
永寶用之</td>
<td>
蔡公子叔湯壺
xs1892
永寶用享

蔡侯鼎
xs1905
永寶用享</td>
<td></td>
</tr>
<tr><td></td><td></td><td></td><td></td><td></td><td></td></tr>
<tr>
<td></td><td></td><td></td>
<td>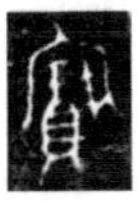
蔡大師鼎
02738
永寶用之

蔡叔季之孫君匜 10284
永寶用之</td>
<td>
蔡侯簠g
xs1896
寶匡盬

蔡侯簠g
xs1896
永寶用之</td>
<td>
蔡侯簠q
xs1896
寶匡盬

蔡侯簠q
xs1896
永寶用之</td>
</tr>
<tr><td colspan="3">曾</td><td colspan="3">蔡</td></tr>
</table>

		 彭伯壺g xs315 永寶用之  彭伯壺q xs315 永寶用之	 彭伯壺g xs316 永寶用之  彭子仲盆蓋 10340 永寶用之	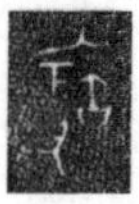 鄦公彭宇簠 04610 永寶用之  鄦公彭宇簠 04611 永寶用之	 矩甗 xs970 永寶用之
  蔡侯簠 xs1897 寶�  蔡侯簠 xs1897 永寶用之	 蔡侯簠 ms0582 永寶用之	 彭子射兒簠 mt05884 永寶用之			
蔡		CE			

 鄀公平侯鼎 02771 永寶用享  鄀公平侯鼎 02772 永寶用享	 上鄀公敄人簋蓋 04183 永寶用享  鄀公簠蓋 04569 永寶用之	 蛒公諴簠 04600 永寶用  孟城瓶 09980 永寶用之	 鄀公諴鼎 02753 永寶用  上鄀太子平侯匜 ms1252 永寶用	 邛君婦龢壺 09639 永寶用之  伯戔盤 10160 永寶用之	
 上鄀公簠g xs401 永寶用之  上鄀公簠q xs401 永寶用之	 上鄀府簠 04613.1 永寶用之  上鄀府簠 04613.2 永寶用之			 叔師父壺 09706 永寶用之  𪊲君季𩢣鑑 mx0535 永寶是尚	 江叔螽鬲 00677 永寶用之

CE

 鄂伯邍鼎 ms0241 永寶	 鄂姜簠 ms0552 寶簠	 昶盤 10094 寶盤	 昶伯墉盤 10130 寶鑑	 昶仲匜 mt14953 寶匜	 昶仲無龍匜 10249 寶匜
 [illegible]人犀石盤 ms1200 寶盤	 鄂姜簠 ms0552 永寶用	 昶盤 10094 永寶用享	 昶伯業鼎 02622 永寶用享	 昶仲匜 mt14953 [永] 寶用享	 昶仲無龍匜 10249 永寶用享

CE

 䢅仲無龍鬲 00713 寶鬲	 䢅仲無龍鬲 00714 寶鬲	 䢅帺伯壺蓋 ms1057 寶壺	 䢅帺伯壺蓋 ms1058 寶壺	 䢅伯㚸父罍 mt13826 寶器(罍)	 䢅帺伯壺 jjmy011 寶壺
 䢅仲無龍鬲 00713 永寶用享	 䢅仲無龍鬲 00714 永寶用享	 䢅帺伯壺蓋 ms1057 永寶用享	 䢅帺伯壺蓋 ms1058 永寶用享	 䢅伯㚸父罍 mt13826 永寶用享	 䢅帺伯壺 jjmy011 永寶用享

CE

 䢅䪫伯壺 mx0831 寶壺  䢅䪫伯壺 mx0831 永寶用享	 䢅仲侯盤 ms1206 寶盤  䢅仲侯盤 ms1206 永寶用享	 鄁公鼎 02714 永寶用享  鄁公簋 04016 寶簋	 鄁公簋 04017.1 寶簋  鄁公簋 04017.2 寶簋	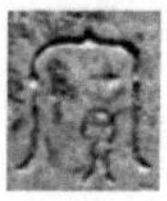 郳伯貝懋盤 mx0941 自作寶  郳伯貝懋盤 mx0941 子孫永寶盤	 備兵鼎 jjmy007 寶鼎  備兵鼎 jjmy007 永寶用
		 諆余鼎 mx0219 永寶用之	 郾子行盆 10330.1 永寚(寶)[用]之  郾子行盆 10330.2 永寚(寶)用之		
		 喬君鉦鋮 00423 寶鍴鐸  喬君鉦鋮 00423 永寶用之			
CE					

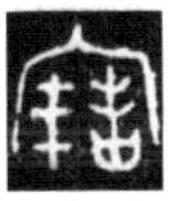 廓季伯歸鼎 02644 寶鼎 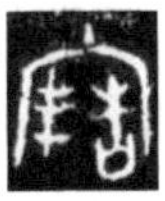 廓季伯歸鼎 02645 寶鼎	 廓季伯歸鼎 02644 永寶用之  廓季伯歸鼎 02645 永寶用之	 幻伯隹壺 xs1200 寶壺  鄨子奠伯鬲 00742 永寶用	 楚季哶盤 10125 永寶用享  楚嬴盤 10148 寶盤	 考叔㨄父簠 04608.1 永寶用之  考叔㨄父簠 04608.2 永寶用之	 考叔㨄父簠 04609.1 永寶用之  考叔㨄父簠 04609.2 永寶用之
			 以鄧匜 xs405 永寶用之  以鄧鼎g xs406 永寶用之	 以鄧鼎q xs406 永寶用之  仲改衛簠 xs399 永寶	 東姬匜 xs398 永寶用之  楚王鼎g mt02318 永寶用之
			 鄝戈 11027 鄝之寶戈	 欒書缶 10008.2 萬世是寶(寶)	
CE			楚		

 塞公孫㱿父匜 10276 永寶用之  楚太師登鐘 mt15511a 永寶鼓之	 楚太師登鐘 mt15512b 永寶鼓之  楚太師登鐘 mt15513b 永寶鼓之	 楚太師登鐘 mt15514b 永寶鼓之  楚太師登鐘 mt15516b 永寶鼓之	 郤大子鼎 02652 永寶用之		 東仲䇆父簋 mx0404 永寶用享  東仲䇆父簋蓋 03924 永寶用享
 楚王鼎q mt02318 永寶用之  楚王鼎 mx0210 永寶用之					
			 郤王義楚觶 06513 子孫寶  三兒簋 04245 寶簋	 夫欧申鼎 xs1250 永寶用鬻(享)	
楚			徐	舒	

 彔簋蓋甲 mx0392 永寶用 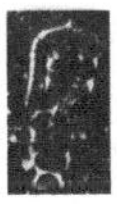 彔簋蓋乙 mx0393 永寶用	 伯氏鼎 02443 永寶用  伯氏鼎 02444 永寶用	 伯氏鼎 02446 其永寶用  伯氏鼎 02447 其永寶用	 專車季鼎 02476 寶鼎  專車季鼎 02476 永寶用	 伯筍父鼎 02513 寶鼎  伯筍父鼎 02513 永寶用	 武生毀鼎 02522 永寶用之  武生毀鼎 02523 永寶用之
			 鐘伯侵鼎 02668 永寶用之  公父宅匜 10278 永寶用之	 瘵鼎 02569 永寶用之	 掃片昶豯鼎 02570 寶鼎  掃片昶豯鼎 02570 永寶用享
			 嘉子昜伯臚簠 04605.1 寶簠  嘉子昜伯臚簠 04605.2 寶簠	 尊父鼎 mt02096 寶鼎  尊父鼎 mt02096 永寶用享	 要君盂 10319 [永]寶是尚  與子具鼎 xs1399 永保用之

 卓林父簋蓋 04018 寶簋	 奢虎簠 04539.1 寶醢	 奢虎簠 04539.2 寶醢	 旅虎簠 04540 寶醢	 旅虎簠 04541.1 寶醢	 旅虎簠 04541.2 寶醢
 卓林父簋蓋 04018 永寶用	 奢虎簠 04539.1 永寶用	 奢虎簠 04539.2 永寶用	 旅虎簠 04540 永寶用	 旅虎簠 04541.1 永寶用	 旅虎簠 04541.2 永寶用
 掃片昶豯鼎 02571 寶鼎	 □偖生鼎 02632 寶鼎	 □偖生鼎 02633 寶鼎	 微乘簠 04486 寶醢	 伯□父簠 04535 寶醢	 欒大司徒瓶 09981 永寶用
 掃片昶豯鼎 02571 永寶用享	 □偖生鼎 02632 永寶用享	 □偖生鼎 02633 永寶用享	 涹伯鼎 02621 永寶用之	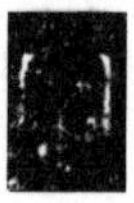 伯□父簠 04535 永寶用	 永寶用享盤 10058 永寶□□
 伯怡父鼎 eb312 永保用之	 師麻孝叔鼎 02552 永寶用				
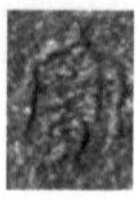 痏父匜 mt14986 永寶用					

 簋侯簋 04561 永寶用享	 仲阪父盆g ms0619 寶盆	 甫斉生鼎 02524 永寶用	 伯駟父盤 10103 永寶用	 右戲仲夏父鬲 00668 永寶用	 雍鼎 02521 永寶用
 簋侯簋 04562 永寶用簠	 仲阪父盆q ms0619 寶盆	 姺仲簋 04534 永寶用	 叔牙父鬲 00674 永寶用	 尌仲甗 00933 永寶用	 京叔姬簋 04504 寶簠
 般仲柔盤 10143 永寶用之	 者尚余卑盤 10165 永寶用之	 □子季□盆 10339 永寶用之			
 侃孫奎母盤 10153 寶盤	 大孟姜匜 10274 用爲元寶				

 鑄叔皮父簋 04127 子子孫孫寶  伯其父簠 04581 永寶用之	 史孔卮 10352 永寶用  圃公鼎 xs1463 永寶用之	 子叔嬴内君盆 10331 寶器  皇與匜 eb954 永寶用	 敀盎 ms0618 永寶  考征君季鼎 02519 永寶用之	 冶仲考父壺 09708 永寶是尚  伯索史盂 10317 寶盂	

宦　宰

	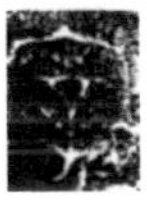 楷宰仲考父鼎 jk2020.4 楷宰仲考父  楷侯宰吹壺甲g jk2020.4 楷侯宰吹	 楷侯宰吹壺甲q jk2020.4 楷侯宰吹  楷侯宰吹壺乙g jk2020.4 楷侯宰吹	 楷侯宰吹壺乙q jk2020.4 楷侯宰吹	 魯宰駟父鬲 00707 魯宰駟父  魯大宰邍父簋 03987 魯太宰	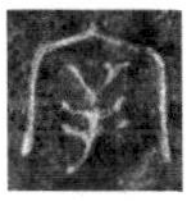 魯酉子安母簋g mt05902 魯宰虢  □魯宰兩鼎 02591 □魯宰兩
 叔夷鐘 00272.1 宦執而政事  叔夷鎛 00285.1 宦執而政事					
齊	黎			魯	

			 齊太宰歸父盤 10151 齊太宰  歸父盤 mx0932 齊太宰	 齊侯鎛 00271 太宰	 叔師父壺 09706 邛立<太>宰
 鼄大宰簠 04623 郳太宰  鼄大宰簠 04624 郳太宰	 鼄大宰鐘 00086.1 郳太宰	 滕太宰得匜 xs1733 滕太宰			
郳		滕	齊		CE

寵　宜

		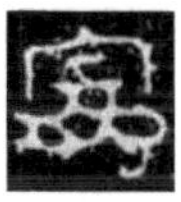 曾伯從寵鼎 02550 曾伯從寵	 秦子戈 11352a 用逸宜  秦子戈 11353 用逸宜	 秦子矛 11547.2 用逸宜 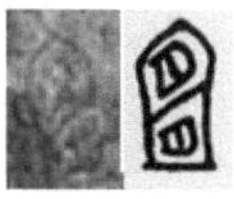 秦子戈 xs1350 用逸宜	 秦子戈 mt17209 用逸宜  卜淦口高戈 xs816 逸宜
			 秦公簋 04315.2 寵囿四方宜	 盄和鐘 00270.2 永寶宜	
 曾少宰黃仲酉鼎　eb279 曾少宰  曾少宰黃仲酉簠　eb467 曾少宰	 曾少宰黃仲酉壺　eb861 曾少宰  曾少宰黃仲酉匜　eb951 曾少宰				
曾		曾	秦		

宿　寑

秦	D	徐	晉	黃	滕
  秦政伯喪戈 eb1248 用逸宜  秦政伯喪戈 eb1249 用逸宜				 郳子宿車盆 10337 郳子宿	
	 濫公宜脂鼎 mx0191 濫公宜  濫公宜脂鼎 mx0191 □宜鼎	 宜桐盂 10320 季糧之孫宜桐	 晉公盤 mx0952 彊武魯宿		
					 王子安戈 11122 寑戈

	⿱宀丂	寡		客	
					 干氏叔子盤 10131 仲姬客母
	 邾公釛鐘 00102 嘉⿱宀丂(賓)				
 復公仲簋蓋 04128 用作我子孟嬉⿰女⿱宀帚(寢)小尊媵簋		 曾侯鐘 mx1025 鰥寡	 司馬楙鎛 eb48 鰥⿱宀頁(寡)	 簷太史申鼎 02732 賓客	
楚	邾	曾	滕	莒	D

宴

 曾伯陭壺 09712.1 賓客  曾伯陭壺 09712.4 賓客		 郤王鼎𣄰鼎 02675 賓客			
 曾公畎鎛鐘 jk2020.1 王客我于康宫   曾公畎甬鐘 A jk2020.1 王客我于康宫	  曾公畎甬鐘 B jk2020.1 王客我于康宫  嬭加鎛乙 ms1283 好賓嘉客				
			 配兒鉤鑃 00427.2 賓客	 姑馮昏同之子句鑃　00424.2 賓客  越王者旨於睗鐘　00144 賓客	 洹子孟姜壺 09729 堇(廑)宴  洹子孟姜壺 09729 堇(廑)宴
曾		徐	吴	越	齊

害

<table>
<tr>
<td></td>
<td>
仲考父盤
jk2020.4
永害(匄)福爾後</td>
<td>
郳公子害簠g
mt05907
郳公子害

郳公子害簠q
mt05907
郳公子害</td>
<td>
郳公子害簠
mt05908
郳公子害</td>
<td>
曾伯克父壺g
ms1062
用害(匄)眉壽黄耇

曾伯克父壺q
ms1062
用害(匄)眉壽黄耇</td>
<td>
曾伯克父壺
ms1063
用害(匄)眉壽黄耇

曾伯霥壺
ms1069
用賜害(匄)眉壽</td>
</tr>
<tr><td></td><td></td><td></td><td></td><td></td><td></td></tr>
<tr>
<td>
洹子孟姜壺
09730
堇(廑)宴</td>
<td></td><td></td><td></td><td></td><td></td>
</tr>
<tr>
<td>齊</td><td>黎</td><td colspan="2">郳</td><td colspan="2">曾</td>
</tr>
</table>

𡩠　　宋

	 伯索史盂 10317 伯𡩠(索)史		 宋眉父鬲 00601 宋眉父		
			 趞亥鼎 02588 宋莊公  宋公戌鎛 00008 宋公	 宋公戌鎛 00009 宋公  宋公戌鎛 00010 宋公	 宋公戌鎛 00011 宋公  宋公戌鎛 00012 宋公
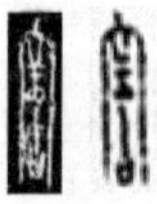 蔡侯䪘尊 06010 聽害(憲)訢揚  蔡侯䪘盤 10171 聽害(憲)訢揚		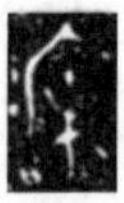 宋兒鼎 mx0162 陳侯之孫宋兒	 宋右師延敦g xs1713 宋右師  宋右師延敦 CE33001 宋右師	 宋公䜌戈 11133 宋公  宋公䜌鼎蓋 02233 宋公	 宋公䜌簠 04589 宋公  宋公䜌簠 04590 宋公
蔡		陳	宋		

				 蔡侯鼎 xs1905 宋姬	
 宋公戌鎛 00013 宋公	 宋公圝鋪 mt06157 宋公圝  宋公圝鋪 mx0532 宋公圝	 宋公圝鼎 mx0209 宋公圝  宋公圝鼎q mx0209 宋公圝			
 宋君夫人鼎q eb304 宋君  宋君夫人鼎g eb304 宋君	 宋君夫人鼎蓋 02358 宋君  宋左太師睪鼎 mt01923 宋左太師	 宋公差戈 11289 宋公佐  宋公差戈 11204 宋公佐	 宋公差戈 11281 宋公佐 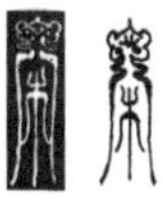 宋公得戈 11132 宋公		 畝孫宋鼎 xs1626 畝孫宋  史宋鼎 02203 史宋
宋				蔡	

宗

	 嵇仲甗鑑 mt14087 宗器尊甗			 宗婦鄁嬰鼎 02683 宗婦  宗婦鄁嬰鼎 02684 宗婦	 宗婦鄁嬰鼎 02685 宗婦  宗婦鄁嬰鼎 02686 宗婦
 秦公簋 04315.2 噚宗彝		 晉公盆 10342 宗婦楚邦	 晉公盤 mx0952 宗彝盤  晉公盤 mx0952 宗婦楚邦		
秦	AB	晉		BC	

 宗婦鄁嫛鼎 02687 宗婦	 宗婦鄁嫛鼎 02689 宗婦	 宗婦鄁嫛𣪘 04077 宗婦	 宗婦鄁嫛𣪘 04079 宗婦	 宗婦鄁嫛𣪘 04081 宗婦	 宗婦鄁嫛𣪘 04083 宗婦
 宗婦鄁嫛鼎 02688 宗婦	 宗婦鄁嫛𣪘蓋 04076 宗婦	 宗婦鄁嫛𣪘 04078 宗婦	 宗婦鄁嫛𣪘 04080 宗婦	 宗婦鄁嫛𣪘 04082 宗婦	 宗婦鄁嫛𣪘 04084 宗婦

BC

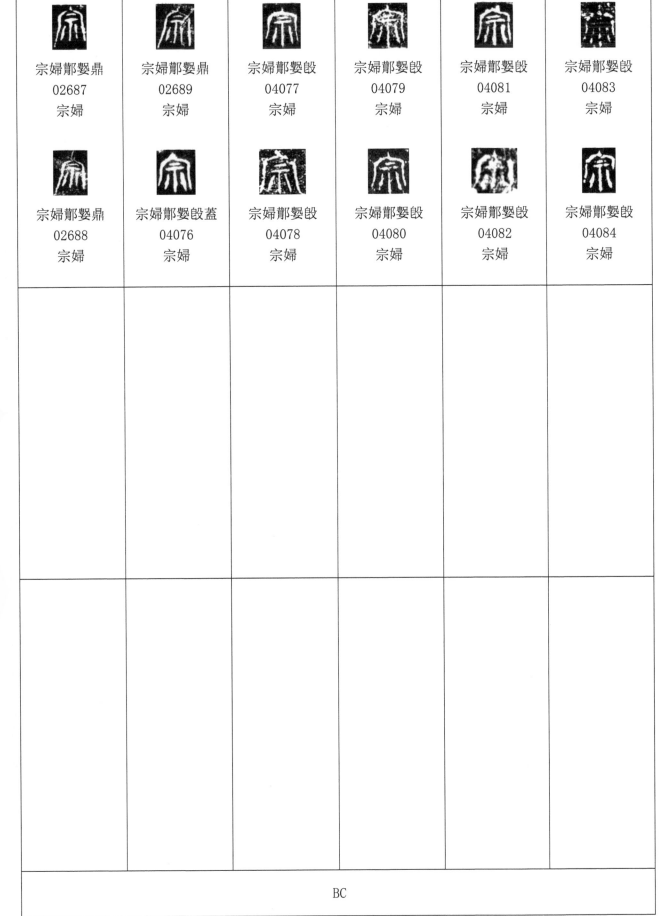

 宗婦鄁嬰毁 04086.1 宗婦	 宗婦鄁嬰壺 09698.2 宗婦	 宗婦鄁嬰盤 10152 宗婦	 宗婦鄁嬰鼎 02684 宗彝	 宗婦鄁嬰鼎 02686 宗彝	 宗婦鄁嬰鼎 02688 宗彝
 宗婦鄁嬰毁 04086.2 宗婦	 宗婦鄁嬰壺 09699.1 宗婦	 宗婦鄁嬰鼎 02683 宗彝	 宗婦鄁嬰鼎 02685 宗彝	 宗婦鄁嬰鼎 02687 宗彝	 宗婦鄁嬰鼎 02689 宗彝

BC

 宗婦鄁嫛𣪘蓋 04076 宗彝	 宗婦鄁嫛𣪘 04078 宗彝	 宗婦鄁嫛𣪘 04080 宗彝	 宗婦鄁嫛𣪘 04082 宗彝	 宗婦鄁嫛𣪘 04084 宗彝	 宗婦鄁嫛𣪘 04086.1 宗彝
 宗婦鄁嫛𣪘 04077 宗彝	 宗婦鄁嫛𣪘 04079 宗彝	 宗婦鄁嫛𣪘 04081 宗彝	 宗婦鄁嫛𣪘 04083 宗彝	 宗婦鄁嫛𣪘 04085 宗彝	 宗婦鄁嫛壺 09698.2 宗彝

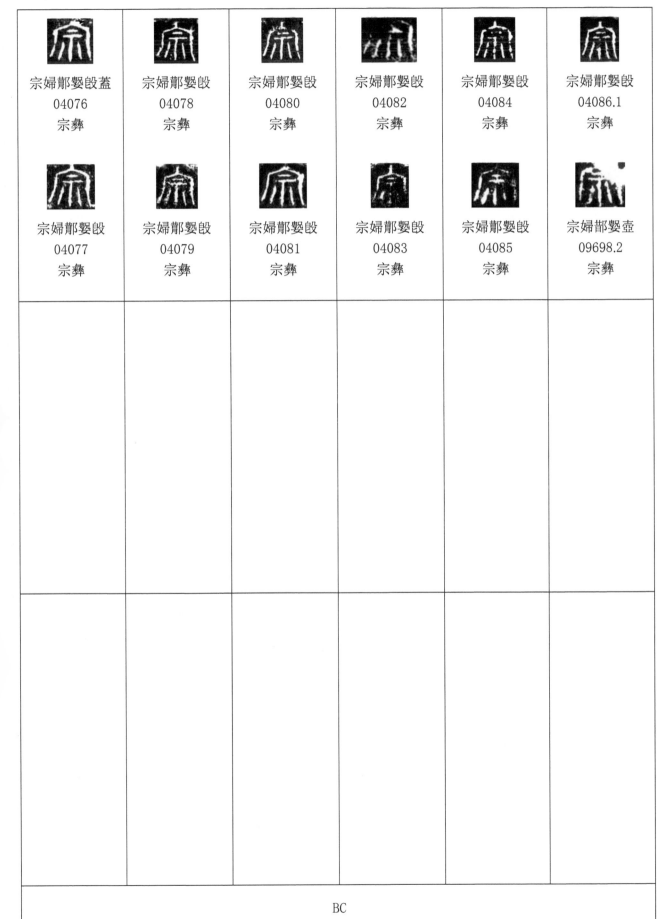

BC

 宗婦鄁嬰壺 09699.1 宗彝  宗婦鄁嬰盤 10152 宗彝	 毛叔虎父簋g mx0424 用享大宗 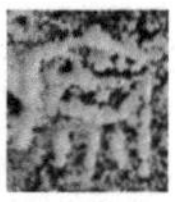 毛叔虎父簋g hx2021.5 用享大宗	 毛叔虎父簋q mx0424 用享大宗  毛叔虎父簋q hx2021.5 用享大宗			
			 與兵壺q eb878 宗彝  與兵壺 ms1068 宗彝	 司馬楙鎛 eb49 宗彝	 洹子孟姜壺 09729 宗伯  洹子孟姜壺 09730 宗伯
BC	毛		鄭	滕	齊

宔

 鄀史碩父尊 sh189 宗室					
	 曾公畎鎛鐘 jk2020.1 宗彝 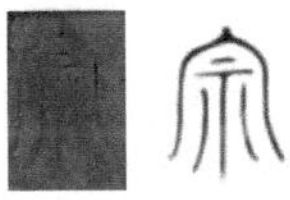 曾公畎甬鐘 A jk2020.1 宗彝	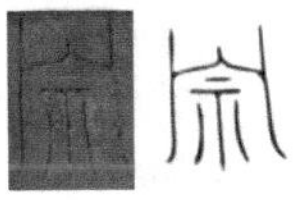 曾公畎甬鐘 B jk2020.1 宗彝  孏加鎛乙 ms1283 宗彝龢鐘			
	 曾侯與鐘 mx1029 宗彝  曾侯殘鐘 mx1031 宗[彝]		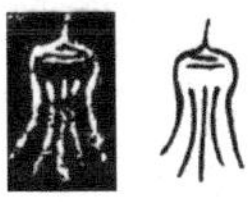 吴王光鑑 10298 宗彝(彝)薦鑑  吴王光鑑 10299 宗彝(彝)薦鑑	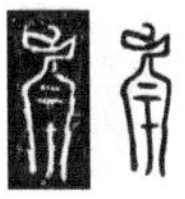 能原鎛 00156.2 大□之宔(主) 戉(越)	 主之升 kx2020.4 宔之升
鄀	曾		吴	越	

宅	宙	宕		寏	寣
 宅鼎 01249 宅				 畢仲弁簋 mt05912 畢中(仲)寏	 寣弃生鼎 02524 寣弃生
		 子犯鐘 xs1008 子軋宕(佑)晉公左右  子犯鐘 xs1010 子軋宕(佑)晉公左右	 子犯鐘 xs1020 子軋宕(佑)晉公左右  子犯鐘 xs1022 子軋宕(佑)晉公左右		
	 簷太史申鼎 02732 鄦(郙)宙之孫				
	莒	晉		郳	

𡨦					寯
 㠱伯子𡨦父盨 04442.1 㠱伯子𡨦父  㠱伯子𡨦父盨 04442.2 㠱伯子𡨦父	 㠱伯子𡨦父盨 04443.1 㠱伯子𡨦父  㠱伯子𡨦父盨 04443.2 㠱伯子𡨦父	 㠱伯子𡨦父盨 04444.1 㠱伯子𡨦父  㠱伯子𡨦父盨 04444.2 㠱伯子𡨦父	 㠱伯子𡨦父盨 04445.1 㠱伯子𡨦父  㠱伯子𡨦父盨 04445.2 㠱伯子𡨦父	 㠱伯𡨦父盤 10081 㠱伯𡨦父  㠱伯𡨦父匜 10211 㠱伯𡨦父	
					 寬兒鼎 02722 蘇公之孫寯(寬)兒  寬兒缶 mt14091 蘇公之孫寯(寬)兒
㠱					蘇

⿱寬廾　　⿱寬廾

 曩甫人匜 10261 余王⿱寬廾叡孫	 郳季寬車匜 10234 郳季⿱寬廾(寬)車 自作行匜  郳季寬車盤 10109 郳季⿱寬廾(寬)車 自作行盤	 郳季寬車壺 09658.2 郳季⿱寬廾(寬)車 自作行壺			
			  齊侯作孟姜敦 04645 ⿱寬廾圖孟姜	 齊侯匜 10283 ⿱寬廾圖孟姜  齊侯盤 10159 ⿱寬廾圖孟姜	 杕氏壺 09715 ⿱寬廾(饔)在我車
曩	黄		齊		燕

宫

 秦子簋蓋 eb423 保其宫外	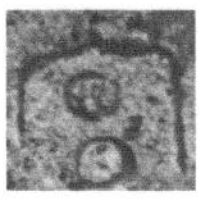 芮公鼎 ms0254 㝨宫	 梁伯戈 11346.1 宫行元用	 虢宫父鬲 xs50 虢宫父	 虢宫父鬲 mt02823 虢宫父	 宫氏白子戈 11118 宫氏伯子
	 芮公鼎 ms0255 㝨宫		 虢宫父盤 xs51 虢宫父	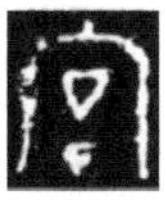 虢宫父匜 mt14895 虢宫父	 宫氏白子戈 11119 宫氏伯子
秦	芮	梁	虢		

			 曾伯宫父穆鬲 00699 曾伯宫父		
			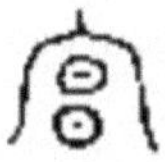 曾公𠼝鎛鐘 jk2020.1 康宫 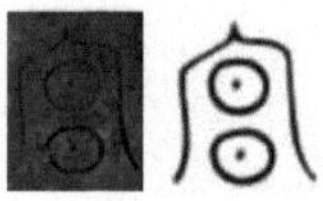 曾公𠼝甬鐘A jk2020.1 康宫	 曾公𠼝甬鐘B jk2020.1 康宫 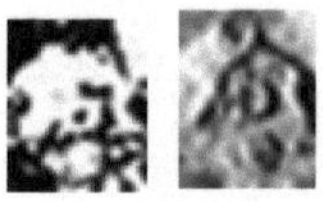 曾大工尹戈 11365 西宫	
 燕西宫壺 xs1298 西宫	 洹子孟姜壺 09729 南宫子  洹子孟姜壺 09730 南宫子	 拍敦 04644 亯(墉)宫祀彝			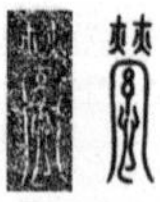 曾侯與鐘 mx1029 䜌(營)宅汭土
燕	齊	D	曾		曾

吕

			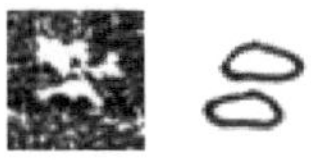 衛公孫吕戈 11200 衛公孫吕		
 吕大叔斧 11786 吕大叔  吕大叔斧 11787 吕大叔	 少虡劍 11696.2 玄鏐鏞吕(鋁) 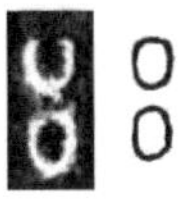 少虡劍 11697 玄鏐鏞吕(鋁)	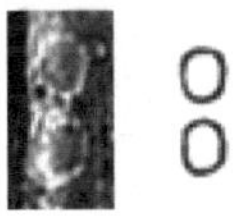 少虡劍 11698 玄鏐鏞吕(鋁)  吉日壬午劍 mt18021 玄鏐鏞吕(鋁)		 鼄大宰鐘 00086.1 吉金鏞吕(鋁)  鼄公牼鐘 00149 玄鏐鏞吕(鋁)	 鼄公牼鐘 00150 玄鏐鏞吕(鋁)  鼄公牼鐘 00151 玄鏐鏞吕(鋁)
晋			衛	邾	

 鼄鐘 xs483b 吕王  鼄鐘 xs488a 吕王	 鼄鎛 xs489a 吕王  鼄鎛 xs490a 吕王	 鼄鎛 xs491b 吕王  鼄鎛 xs493a 吕王	 鼄鎛 xs495a 吕王	 九里墩鼓座 00429.1 玄鏐鈍吕(鋁)	 三兒簋 04245 余吕以□之孫
楚				鍾離	徐

 吴王光鐘 00224.1 青吕(鋁)尃皇  吴王光鐘 00224.7 青吕(鋁)尃皇	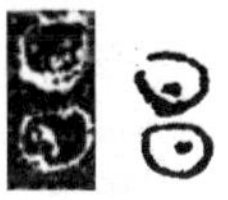 吴王光鐘 00224.16 [青]吕(鋁)[尃]皇  吴王光鐘 00224.24 青吕(鋁)尃[皇]	 玄翏夫吕戟 xs1381 玄翏夫吕	 □之用玄翏戈 11139 玄翏(鏐)敊(鏞)鋁	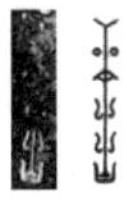 玄鏐夫鋁戈 11137 玄翏(鏐)夫(鏞)鋁 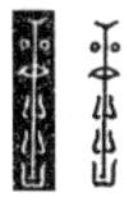 玄鏐夫鋁戈 11138 玄翏(鏐)夫(鏞)鋁	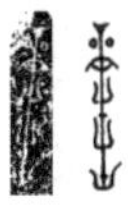 □翏戈 10970 玄翏(鏐)夫(鏞)鋁 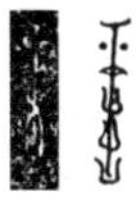 翏鋁玄用戈 xs1240 翏(鏐)鋁玄(玄)用
吴			越		

				郘	竈
					 秦政伯喪戈 eb1248 喬黄竈専東方  秦政伯喪戈 eb1249 喬黄竈専東方
			 曈戈 xs1971 吕王		 秦公簋 04315.2 竈(造)有四方  盄和鐘 00270.1 竈(造)有下國
 玄鏐鏞鋁戈 mt16916 幺(玄)翏(鏐) 夫(鏞)吕(鋁)  玄鏐鏞鋁戈 mt16920 翏(鏐)夫(鏞) 吕(鋁)玄	 玄鏐鏞鋁戈 xs1185 幺(玄)翏(鏐) 夫(鏞)鋁  玄鏐鏞鋁戈 xs1901 幺(玄)翏(鏐) 夫(鏞)鋁	 玄鏐鏞鋁戟 ms1460 玄鏐鏞吕(鋁)		 郘䵼尹簪鼎 02766.1 壽躬敦子  郘䵼尹簪鼎 02766.2 壽躬敦子	
				徐	秦

 郘黛鐘 00225 其竈(簉)四堵  郘黛鐘 00226 其竈(簉)四堵	 郘黛鐘 00228 其竈(簉)四堵  郘黛鐘 00229 其竈(簉)四堵	 郘黛鐘 00230 其竈(簉)四堵  郘黛鐘 00231 其竈(簉)四堵	 郘黛鐘 00233 其竈(簉)四堵  郘黛鐘 00235 其竈(簉)四堵	 郘黛鐘 00236 其竈(簉)四堵  郘黛鐘 00237 其竈(簉)四堵	  公子土折壺 09709 公孫竈(灶)涖事歲
晉					齊

寮		窵		窮	宊
				 窮獻王戟 t16977 窮獻王	 魯正叔盤 10124 魯正叔之宊
 叔夷鐘 00273.2 爲汝敵寮  叔夷鐘 00274.1 眔乃敵寮	 叔夷鎛 00285.3 爲汝敵寮  叔夷鎛 00285.4 眔乃敵寮				
		 蔡侯紐鐘 00210.1 窵窵豫政  蔡侯紐鐘 00217.1 窵窵豫政	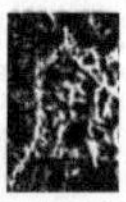 蔡侯鎛 00220.1 窵窵豫政  蔡侯鎛 00222.1 窵窵豫政		
齊		蔡		吴	魯

		 㰾厌作孟姜㛮簋　04606 孟姜㛮  㰾厌作孟姜㛮簋　04607 孟姜㛮	 陳厌盤 10157 媯㛮母  陳侯匜 xs1833 王口㛮母	 㰾厌作王仲媯㛮簋　04603.1 王仲媯𡚬  㰾厌作王仲媯㛮簋　04603.2 王仲媯𡚬	 㰾厌作王仲媯㛮簋　04604.1 王仲媯𡚬  㰾厌作王仲媯㛮簋　04604.2 王仲媯𡚬
 窬窅敦年戟 mx1131 窬窅敦年戟	 聽盂 xs1072 下寱(寑)盂				
D		陳			

疾

 曾公子棄疾鼎q mx0126 曾公子棄疾	 曾公子棄疾鼎g mx0127 曾公子棄疾	 曾公子棄疾匿q mx0486 曾公子棄疾	 曾公子棄疾壺 mx0819 曾公子棄疾	 曾公子棄疾壺 mx0818 曾公子棄疾	 曾公子棄疾缶q mx0903 曾公子棄疾
 曾公子棄疾鼎g mx0126 曾公子棄疾	 曾公子棄疾匿g mx0486 曾公子棄疾	 曾公子棄疾甗 mx0280 曾公子棄疾	 曾公子棄疾壺g mx0818 曾公子棄疾	 曾公子棄疾缶g mx0903 曾公子棄疾	 曾公子棄疾斗 mx0913 曾公子棄疾
曾					

		疚	㾨	𤻇	㾝
	 楚子棄疾簠 xs314 楚子棄疾		 國差𦉜 10361 侯氏毋瘩毋㾨	 鄝公戈 ms1429 公子𤻇  鄝公戈 ms1430 公子𤻇	
 鄧尹疾鼎 02234.1 鄧尹疾  鄧尹疾鼎 02234.2 鄧尹疾		 鄭莊公之孫盧鼎 mt02409 余剌疚之子  盧鼎q xs1237 余剌疚之子			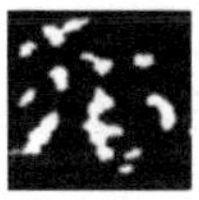  㾝戈 xs1156 㾝之親用戈
鄧	楚	鄭	齊	CE	

⿸疒余	⿸疒矣	⿸疒沓	⿸疒青	同	
		 國差䍃 10361 侯氏毋⿸疒沓毋疛			
 ⿸疒余鼎 02569 ⿸疒余作其𩰫鼎	 郐令尹者旨晋 爐　10391 ⿸疒矣君之孫		 邵之⿸疒青夫戈 mt17057 邵之⿸疒青夫	 嬰同盆 ms0621 保𩰫公之妻嬰同	 姑馮昏同之子 句鑃　00424.1 姑馮昏同之子
	徐	齊	楚	徐	越

胥		冒	兩		
	 曾大師賓樂與鼎　mt01840 曾太師賓𣠷與	 冒王之子戈 xs1975 冒王之子□□	 晉姜鼎 02826 鹵漬千兩	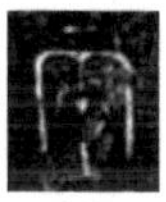 仲考父盤 jk2020.4 壺兩  仲考父盤 jk2020.4 簠兩	
 姑發胥反劍 11718 太子姑發胥反					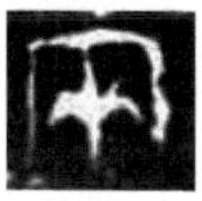 洹子孟姜壺 09729 兩壺  洹子孟姜壺 09730 兩壺
吳	曾		晉	黎	齊

羅　⿱罒乇　⿱罒出

 □魯宰兩鼎 02591 魯宰兩					
	 羅兒匜 xs1266 羅兒	 杕氏壺 09715 ⿱罒殳(⿱罒乇)獵毋後	 郘黛鐘 00226 余頡⿱罒出事君  郘黛鐘 00228 余頡⿱罒出事君	 郘黛鐘 00230 余頡⿱罒出事君  郘黛鐘 00231 余頡⿱罒出事君	 郘黛鐘 00232 余頡⿱罒出事君  郘黛鐘 00233 余頡⿱罒出事君
魯	羅	燕	晋		

⿱罒無　帥

			 秦公簋 04315.1 帥秉明德  盄和鐘 00270.1 帥秉明德	 晉公盆 10342 帥井(型)先王  晉公盤 mx0952 帥井(型)先王	
 邵黛鐘 00234 余頡罡事君  邵黛鐘 00235 余頡罡事君	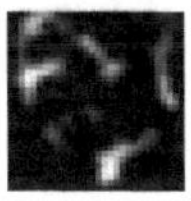 邵黛鐘 00237 余頡罡事君	 曾侯與鐘 mx1029 ⿱罒無(撫)數(定)天下			 司馬楙鎛 eb48 帥刑(型)灋則
晉		曾	秦	晉	滕

帶　　常　　市

			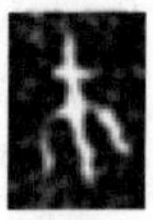 秦子戈 11352a 左右市鮭  秦子戈 11353 左右市鮭	 秦子矛 11547.2 左右市鮭 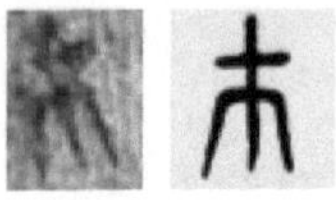 秦子戈 xs1350 左右市鮭	 秦子戈 mt17209 左右市鮭  秦政伯喪戈 eb1248 市鮭用逸宜
 孏加編鐘 kg2020.7 帥禹之堵	 子犯鐘 xs1011 韍(帶)市  子犯鐘 xs1023 韍(帶)市	 子犯鐘 xs1011 衣常(裳)  子犯鐘 xs1023 衣常(裳)			
曾	晉	晉	秦		

			帛		白
 秦政伯喪戈 eb1249 市鮭用逸宜					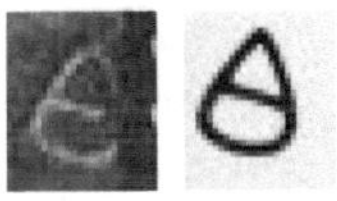 秦政伯喪戈 eb1248 秦政白(伯)喪  秦政伯喪戈 eb1249 秦政白(伯)喪
	 子犯鐘 xs1011 帶市(韍)  子犯鐘 xs1023 帶市(韍)		 者𣸙鐘 00195 不帛(白)[不羊]  者𣸙鐘 00196 不帛(白)不羊	 者𣸙鐘 00197.1 不帛(白)不羊  者𣸙鐘 00198.1 不帛(白)不羊	
		 宋右師延敦 CE33001 天其作市(袚)	 霸服晋邦劍 wy054 帛(霸)□服晋邦		
秦	晋	宋	吴		秦

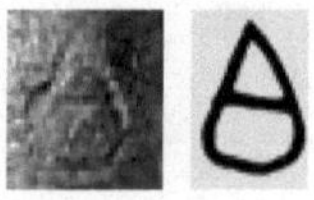 有司伯喪矛 eb1272 有司白(伯)喪	 内大子白簠蓋 04537 芮太子白	 内太子白鼎 02496 芮太子白	 内大子白壺 09645.1 芮太子白	 芮太子白鬲 mt2980 芮太子白	 芮太子白鬲 mt2898 芮太子白
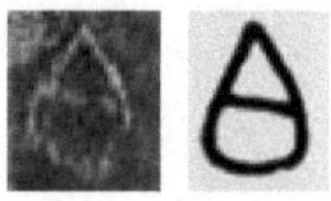 有司伯喪矛 eb12711 有司白(伯)喪	 内大子白簠蓋 04538 芮太子白	 内大子白壺蓋 09644 芮太子白	 内大子白壺 09645.2 芮太子白	 芮太子白鬲 mt2981 芮太子白	 芮太子白鬲 mt2899 芮太子白
秦	芮				

 太师小子白歡父鼎　ms0261 太師小子白(伯)歡父  芮太子白鼎 ms0229 芮太子白	 宫氏白子戈 11118 宫氏白(伯)子  宫氏白子戈 11119 宫氏白(伯)子	 戎生鐘 xs1614 皇考卲白(伯)  郳湯伯匜 10188 郳湯白(伯)	 晋侯簋g mt04713 蓼白(伯)  郳湯伯匜 10208 郳湯白(伯)		
		 郘黛鐘 00226 郘白(伯)  郘黛鐘 00227 郘白(伯)	 郘黛鐘 00228 郘白(伯)  郘黛鐘 00230 郘白(伯)	 郘黛鐘 00231 郘白(伯)  郘黛鐘 00232 郘白(伯)	 郘黛鐘 00233 郘白(伯)  郘黛鐘 00237 郘白(伯)
芮	虢	晉			

 衛伯須鼎 xs1198 衛白(伯)	 伯□鼎 mt02262 □白(伯)□	 單子白盨 04424 單子白  單伯遼父鬲 00737 單白(伯)遼父	 鄭伯盤 10090 鄭白(伯)  伯高父甗 00938 鄭氏白(伯)高父	 鄭伯氏士叔皇父鼎　02667 鄭白(伯)氏  鄭義伯鑐 09973.2 鄭義白(伯)	 召叔山父簠 04601 鄭白(伯)  召叔山父簠 04602 鄭白(伯)
衛	BC	單	鄭		

 子耳鼎 mt02253 鄭白(伯)	 伯國父鼎 mx0194 許大䣙白(伯)國父		 戈伯匜 10246 戴白(伯)	 曹伯狄毁 04019 曹白(伯)	 杞伯每亡鼎 02494.1 杞白(伯)  杞伯每亡鼎 02494.2 杞白(伯)
		 陳伯元匜 10267 陳白𪈼  陳伯元匜 10267 陳白𪈼之子白(伯)元			
	 無伯彪戈 11134 無(許)白(伯)				
鄭	許	陳	戴	曹	杞

 杞伯每亡鼎 02495 杞白(伯) 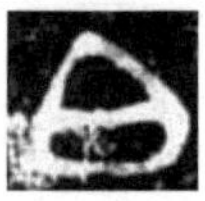 杞伯每亡鼎 02642 杞白(伯)	 杞伯每亡𣪘 03897 杞白(伯)  杞伯每亡𣪘 03898.1 杞白(伯)	 杞伯每亡𣪘 03898.2 杞白(伯)  杞伯每亡𣪘 03899.2 杞白(伯)	 杞伯每亡𣪘 03901 杞白(伯)  杞伯每亡𣪘 03900 杞白(伯)	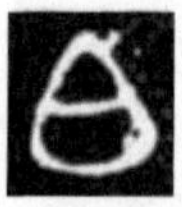 杞伯每亡𣪘 03902.2 杞白(伯)  杞伯每刅簋 mt04860 杞白(伯)	 杞伯每亡壺蓋 09687 杞白(伯)  杞伯每亡壺 09688 杞白(伯)

杞

 杞伯每亡匜 10255 杞白(伯)  杞伯每亡盆 10334 杞白(伯)	 杞伯雙聯鬲 mx0262 杞白(伯)	 魯司徒仲齊盨 04440.1 皇考白(伯)走父  魯司徒仲齊盨 04440.2 皇考白(伯)走父	 魯司徒仲齊盨 04441.1 皇考白(伯)走父  魯司徒仲齊盨 04441.2 皇考白(伯)走父	 魯司徒仲齊匜 10275 皇考白(伯)走父  魯伯者父盤 10087 魯白(伯)	 魯伯厚父盤 10086 魯白(伯)  魯伯厚父盤 mt14413 魯白(伯)
杞		魯			

 魯伯俞父簠 04566 魯白(伯)	 魯伯俞父簠 04568 魯白(伯)	 魯伯愈父鬲 00691 魯白(伯)	 魯伯愈父鬲 00693 魯白(伯)	 魯伯愈父鬲 00695 魯白(伯)	 魯伯愈父盤 10114 魯白(伯)
 魯伯俞父簠 04567 魯白(伯)	 魯伯愈父鬲 00690 魯白(伯)	 魯伯愈父鬲 00692 魯白(伯)	 魯伯愈父鬲 00694 魯白(伯)	 魯伯愈父盤 10113 魯白(伯)	 魯伯愈父盤 10115 魯白(伯)

魯

<table>
<tr>
<td>
魯伯愈父匜
10244
魯白(伯)

魯伯大父作季
姬婧簋　03974
魯白(伯)</td>
<td>
魯伯大父作孟
姜簋　03988
魯白(伯)

魯伯大父作仲
姬俞簋　03989
魯白(伯)</td>
<td>
魯伯匜
10222
魯白(伯)

魯伯悆盨
04458.1
魯白(伯)</td>
<td>
魯伯悆盨
04458.2
魯白(伯)

魯伯愈父簠
ms0561
魯白(伯)</td>
<td>
魯大司徒子仲
白匜　10277
大司徒子仲白</td>
<td>
鼄伯鬲
00669
郳白(伯)

郳口白鼎
02640
郳䢐白(伯)</td>
</tr>
<tr><td></td><td></td><td></td><td></td><td></td><td></td></tr>
<tr><td></td><td></td><td></td><td></td><td></td><td></td></tr>
<tr><td colspan="5">魯</td><td>郳</td></tr>
</table>

 鼄叔之伯鐘 00087 邾叔之白(伯)  邾伯御戎鼎 02525 邾白(伯)	 邾□白鼎 02641 邾讎白(伯)	 郜伯祀鼎 02602 郜白(伯) 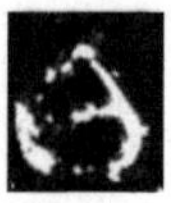 郜伯鼎 02601 郜白(伯)	 齊不超鬲 mt02926 侯白(伯)  齊伯里父匜 mt14966 齊白(伯)	 㠱伯子庭父盨 04442.1 㠱白(伯)  㠱伯子庭父盨 04442.2 㠱白(伯)	 㠱伯子庭父盨 04443.1 㠱白(伯)  㠱伯子庭父盨 04443.2 㠱白(伯)
			 姬寏母豆 04693 [illegible]白(伯)		
			 洹子孟姜壺 09729 宗白(伯) 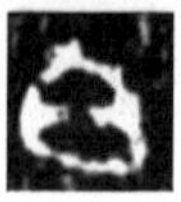 洹子孟姜壺 09730 宗白(伯)		
邾		郜	齊	㠱	

 㠱伯子宎父盨 04444.1 㠱白(伯)  㠱伯子宎父盨 04444.2 㠱白(伯)	 㠱伯子宎父盨 04445.1 㠱白(伯) 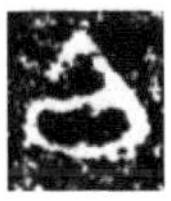 㠱伯子宎父盨 04445.2 㠱白(伯)	 㠱伯宎父盤 10081 㠱白(伯)  㠱伯宎父匜 10211 㠱白(伯)		 鄧子伯鼎甲 jk2022.3 㽿白（伯） 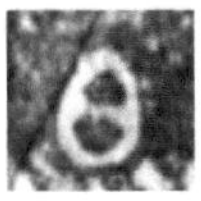 鄧子伯鼎乙 jk2022.3 㽿白（伯）	 鄧子伯戈 jk2022.3 鄧子（伯）
			 右伯君權 10383 右白(伯)君		
㠱			D	鄧	

 鄧伯吉射盤 10121 鄧白(伯)  鄧子孫白鼎 mx0092 鄧子孫白用	 伯氏始氏鼎 02643 白(伯)氏	 樊伯千鼎 mx0200 樊白(伯)  樊孫伯渚鼎 mx0197 樊孫白(伯)渚			
			 黃太子白克盤 10162 黃太子白(伯)克  黃太子白克盆 0338 黃太子白(伯)克	 伯亞臣鐳 09974 黃孫須頸子白(伯)亞臣  伯遊父壺 mt12412 馬頸君白(伯)遊父	 伯遊父壺 mt12413 馬頸君白(伯)遊父  伯遊父鐳 mt14009 黃季氏白(伯)馬頸君遊父
鄧		樊	黃		

	 番□伯者君盤 10139 番昶白(伯)者君  番□伯者君盤 10140 番昶白(伯)者君	 番□伯者君匜 10268 番昶白(伯)者君  番□伯者君匜 10269 番昶白(伯)者君	 番君酟伯鬲 00732 番君酟白(伯)  番君酟伯鬲 00733 番君酟白(伯)	 番君酟伯鬲 00734 番君酟白(伯)  番昶伯者君鼎 02617 番昶白(伯)者君	 番昶伯者君鼎 02618 番昶白(伯)者君  番君伯歡盤 10136 番君白(伯)歡
 伯遊父盤 mt14510 馬頸君白(伯)遊父  伯遊父巵 mt19239 黄季之白(伯)遊父					
	 番仲戈 11261 白(伯)皐之造戈				
黄	番				

 番伯畬匜 10259 番白(伯)  番伯□孫鬲 00630 番白(伯)	 伯克父鼎 ms0285 白(伯)克父  曾伯克父簋 ms0509 曾白(伯)	 曾伯克父簋 ms0509 曾白(伯)  曾伯克父甗 ms0361 曾白(伯)	 曾伯克父盨 ms0538 曾白(伯)  曾伯克父盨 ms0539 曾白(伯)	 曾伯克父壺g ms1062 曾白(伯)  曾伯克父壺q ms1062 曾白(伯)	 曾伯克父壺 ms1063 曾白(伯)  曾伯克父鑐 ms1174 曾白(伯)克父
	 曾公畎鎛鐘 jk2020.1 淑淑白(伯)昏 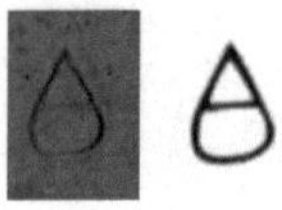 曾公畎甬鐘A jk2020.1 淑淑白(伯)昏	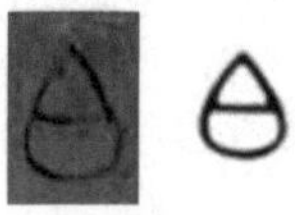 曾公畎甬鐘B jk2020.1 淑淑白(伯)昏  嬭加編鐘 kg2020.7 白(伯)括受命			
	 曾孫伯國甗 mx0277 曾孫白(伯)國  曾大司馬伯國簠　mx0488 曾大司馬白(伯)國	 曾侯與鐘 mx1029 白(伯)括上le			
番	曾				

 曾伯霥壺 ms1069 曾白(伯)	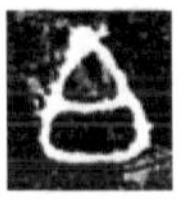 曾伯文簋 04051.1 曾白(伯)	 曾伯文簋 04052.1 曾白(伯)	 曾伯文簋 04053 曾白(伯)	 曾伯文鐳 09961 曾白(伯)	 曾子伯𥁰盤 10156 曾子白(伯)𥁰
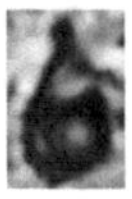 曾伯霥簠 ms0548 曾白(伯)	 曾伯文簋 04051.2 曾白(伯)	 曾伯文簋 04052.2 曾白(伯)	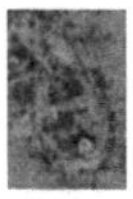 曾伯文簋 t05237 曾白(伯)	 伯𣪕鬲 00592 …之孫白(伯)𣪕	 曾伯霥簠 04631 曾白(伯)

曾

 曾伯霥簠 04631 曾白(伯)	 曾伯陭鉞 xs1203 曾白(伯)	 曾伯陭壺 09712.4 曾白(伯)	 □□伯戈 11201 □□白(伯)	 曾伯宫父穆鬲 00699 曾白(伯)	 曾子白父匜 10207 曾子白(伯)父□
 曾伯霥簠 04632 曾白(伯)	 曾伯陭壺 09712.1 曾白(伯)	 曾侯戈 11121 曾侯殈白(伯)	 曾伯從寵鼎 02550 曾白(伯)	 曾子伯誩鼎 02450 曾子白(伯)	 曾子伯皮鼎 mx0166 曾子白(伯)皮

曾

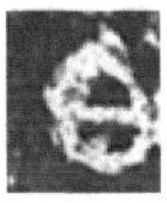 曾侯絴伯戈 ms1400 曾侯絴伯	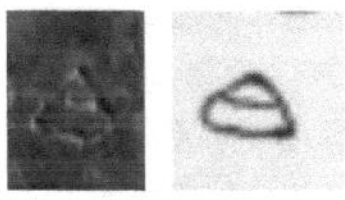 申伯戈 zy2020.5 申白(伯)  彭伯壺g xs315 彭白(伯)	 伯戔盆g 10341 邛仲之孫白(伯)戔  伯戔盆q 10341 邛仲之孫白(伯)戔	 伯戔盤 10160 邛仲之孫白(伯)戔	 袒伯業鼎 02622 袒白(伯)  袒伯墉盤 10130 袒白(伯)	 袒伯墉鐳 09960 袒白(伯)  袒伯夐父罍 mt13826 袒白(伯)
		 𪔂君季聰鑑 mx0535 邛白(伯)		 鄝伯受簠 04599.1 鄝白(伯)  鄝伯受簠 04599.2 鄝白(伯)	 鄝子白鐸 xs393 鄝子白(伯)
	 申伯壺 xs379 申白(伯)諺多				
曾	CE				

 祁帳伯壺蓋 ms1057 祁帳白(伯)  祁帳伯壺蓋 ms1058 祁帳白(伯)	 祁帳伯壺 mx0831 祁帳白(伯)  祁帳伯壺 jjmy011 祁帳白(伯)	 鄅公簋 04016 鄅公白(伯)韭	 鄅公簋 04017.1 鄅公白(伯)韭  鄅公簋 04017.2 鄅公白(伯)韭	 廓季伯歸鼎 02644 廓季之白(伯)歸臺  廓季伯歸鼎 02645 廓季之白(伯)歸臺	 伯歸臺盤 mt14484 廓季之白(伯)歸臺  幻伯隹壺 xs1200 幻白(伯)隹

CE

<table>
<tr>
<td>
郭伯貝懋盤
mx0941
郭白(伯)

鄂伯邍鼎
ms0241
鄂白(伯)</td>
<td>
郐大子鼎
02652
郐太子白(伯)辰</td>
<td></td>
<td></td>
<td>
叔姬鼎
02392
陽白(伯)

伯氏鼎
02443
白(伯)氏</td>
<td>
伯氏鼎
02444
白(伯)氏

伯氏鼎
02445
白(伯)氏</td>
</tr>
<tr>
<td></td>
<td>
徐子伯𠥻此戈
mx1248
徐子白(伯)此</td>
<td></td>
<td></td>
<td>
鐘伯侵鼎
02668
太師鐘白(伯)</td>
<td></td>
</tr>
<tr>
<td></td>
<td></td>
<td>
吴王光鑑
10298
既字白期
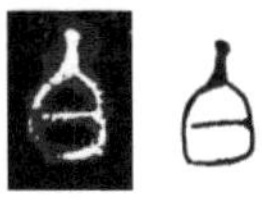
吴王光鑑
10298
玄銑(礦)白銑(礦)</td>
<td>
吴王光鑑
10299
既字白期

吴王光鑑
10299
玄銑(礦)白銑(礦)</td>
<td>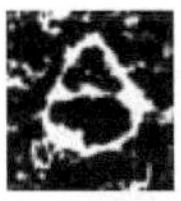
嘉子昜伯臚簠
04605.1
嘉子昜白(伯)臚

嘉子昜伯臚簠
04605.2
嘉子昜白(伯)臚</td>
<td>
行氏伯爲盆
mx0539
行氏白(伯)

陕伯戈
xs1906
陕白(伯)徒戈</td>
</tr>
<tr>
<td>CE</td>
<td>徐</td>
<td colspan="2">吴</td>
<td></td>
<td></td>
</tr>
</table>

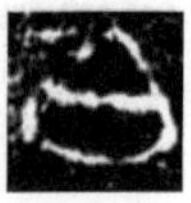 伯氏鼎 02446 白(伯)氏  伯氏鼎 02447 白(伯)氏	 伯其父簠 04581 白(伯)其父麐  伯筍父鼎 02513 白(伯)筍父	 仲阪父盆g ms0619 戠白(伯)  仲阪父盆q ms0619 戠白(伯)	 梁伯戈 11346.1 梁白(伯)  伯□邛戈 xs1973 武王之孫白(伯)□邛	 伯駟父盤 10103 白(伯)駟父  伯剌戈 11400 囂仲之子白(伯)剌	 □伯侯盤 xs1309 □白(伯)侯  伯索史盂 10317 白(伯)索史
 伯彊簠 04526 白(伯)彊爲皇氏伯行器  伯彊簠 04526 伯彊爲皇氏白(伯)行器	 伯□父簠 04535 伯□父  㴱伯鼎 02621 㴱白(伯)□	 伯歽戈 10895 白(伯)歽			
 要君盂 10319 婁君白(伯)䵂	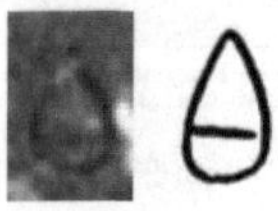 伯怡父鼎 eb312 鄍凡白(伯)怡父	 虡公劍 11663A 虡公白  虡公劍 eb1297 虡公白	 虡公劍 eb1298 虡公白		

黹

	 曾伯霥簠 04631 元武孔黹  曾伯霥簠 04632 元武孔黹				
 晋公盆 10342 㝬順百黹(職) 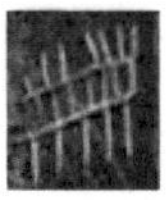 晋公盤 mx0952 㝬順百黹(職)					
晋	曾				

人

卷八

時期＼區域	秦	衛	衛	鄭
早期	 秦子鎛 mt15771 萬人〈年〉無疆	 衛夫人鬲 00595 夫人  衛夫人鬲 xs1700 夫人	 衛夫人鬲 xs1701 夫人	
中期				
晚期				 𧇼鼎q xs1237 夫人  鄭莊公之孫𧇼鼎　mt02409 夫人

					 曩甫人匜 10261 甫(夫)人
			 齊侯鎛 00271 民人	 叔夷鐘 00274.2 余一人  叔夷鎛 00285.4 余一人	
 宋公緣簠 04589 夫人  宋公緣簠 04590 夫人	 宋君夫人鼎q eb304 夫人  宋君夫人鼎g eb304 夫人	 宋君夫人鼎蓋 02358 夫人	 洹子孟姜壺 09729 人民  洹子孟姜壺 09729 人民	 洹子孟姜壺 09730 人民	
宋			齊		曩

	 鄧公簋蓋 04055 女夫人  鄧公簋蓋 04055 女夫人				
 濫夫人鎛 mx1040 夫人  取它人鼎 02227 取(郰)它人		 唐侯制鼎 ms0219 夫人  唐侯制鼎 ms0220 夫人	 唐侯制鼎 ms0221 夫人  唐侯制壺 mx0829 夫人	 樊夫人龍嬴壺 09637 夫人  樊夫人龍嬴匜 10209 夫人	 樊夫人龍嬴鬲 00675 夫人  樊夫人龍嬴鬲 00676 夫人
D	鄧	唐		樊	

 樊夫人龍嬴鼎 xs296 夫人  樊夫人龍嬴盤 10082 夫人	 黄子鬲 00624 甫(夫)人  黄子鬲 00687 甫(夫)人	 黄子鼎 02566 甫(夫)人 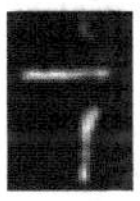 黄子鼎 02567 甫(夫)人	 黄子豆 04687 甫(夫)人  黄子豆 xs93 甫(夫)人	 黄子盉 09445 甫(夫)人  黄子器座 10355 甫(夫)人	 黄子壺 09663 父(夫)人  黄子壺 09664 父(夫)人
樊	黄				

	 孟爾克母簋g ms0583 夫人  孟爾克母簋q ms0583 夫人	 竈乎簋 04157.1 萬人<年>永用  竈乎簋 04157.2 萬人<年>永用	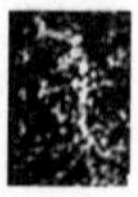 竈乎簋 04158.1 萬人<年>永用  竈乎簋 04158.2 萬人<年>永用	 喬夫人鼎 02284 夫人	 上鄀公敄人簋蓋 04183 上鄀公敄人
 黃子鐳 09966 甫(夫)人 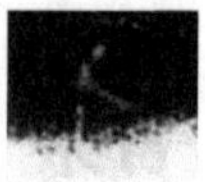 黃子豆 ms0608 甫(夫)人	 曾夫人鬲 ms0306 夫人				
	 曾姬盤 eb924 夫人				
黃	曾			CE	

 鄂侯鼎 ms0230 夫人  鄂侯鬲 ms0319 夫人	 鄂侯簋 ms0464 夫人  [illegible]人孱石盤 ms1200 [illegible]人孱石	 鄂侯夫人鼎 jjmy004 夫人			
			 王孫遺者鐘 00261.2 民人		 童麗公柏戈 mx1248 徐人
			 留篙鐘 00038.2 晋人  敾鎛 xs494a 咸人<及>君子父兄	 郘夫人嬭鼎 mt02425 夫人  郘夫人至缶 ms1179 夫人	
CE			楚		鍾離

					 爲甫人盨 04406 甫(夫)人  爲甫人鼎 mt02064 甫(夫)人
 郐讃尹征城 00425.2 皿彼吉人享	 攻敔王光劍 11654 勇人  吴王光劍 mt17919 勇人	 吴王光逗劍 wy029 越人  攻吾王光劍 wy030 越人	 配兒鉤鑃 00427.2 先人	 越王者旨劍 wy070 吴人	
徐	吴			越	

保

 郳子良人甗 00945 良人	 秦子簋蓋 eb423 保其宫外	 芮太子白鬲 mt2980 永保用享  芮太子白鬲 mt2981 永保用享	 芮太子白鬲 mt2898 永保用享  芮太子白鬲 mt2899 永保用享	 戎生鐘 xs1620 畯保其子孫  晉姜鼎 02826 畯保其孫子	 叔休盨 mt05617 永保用 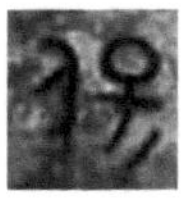 叔休盨 mt05618 永保用
	 秦公簋 04315.1 保業厥秦  盄和鐘 00270.1 保業厥秦			 晉公盆 10342 保乂王國  晉公盤 mx0952 保乂王國	 長子沬臣簠 04625.1 永保用之  長子沬臣簠 04625.2 永保用之
	秦	芮		晉	

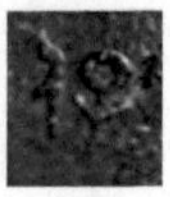 叔休盨 mt05619 永保用  叔休盤 mt14482 永保用	 叔休盉 mt14778 永保用  叔休壺 ms1059 永保用	 叔休壺 ms1060 永保用		 燕仲盨g kw2021.3 太保  燕仲盨q kw2021.3 太保	 燕仲鼎 kw2021.3 太保  燕仲鼎 kw2021.3 太保
			 衛侯之孫書鐘 ms1279 永保用之		
晉			衛	燕	

 燕仲匜 kw2021.3 太保	 宗婦鄁嬰鼎 02683 保辥鄁國	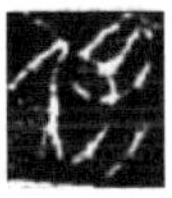 宗婦鄁嬰鼎 02685 保辥鄁國	 宗婦鄁嬰鼎 02687 保辥鄁國	 宗婦鄁嬰鼎 02689 保辥鄁國	 宗婦鄁嬰𣪕 04077 保辥鄁國
 燕仲鬲 kw2021.3 太保	 宗婦鄁嬰鼎 02684 保辥鄁國	 宗婦鄁嬰鼎 02686 保辥鄁國	 宗婦鄁嬰鼎 02688 保辥鄁國	 宗婦鄁嬰𣪕蓋 04076 保辥鄁國	 宗婦鄁嬰𣪕 04078 保辥鄁國
燕	BC				

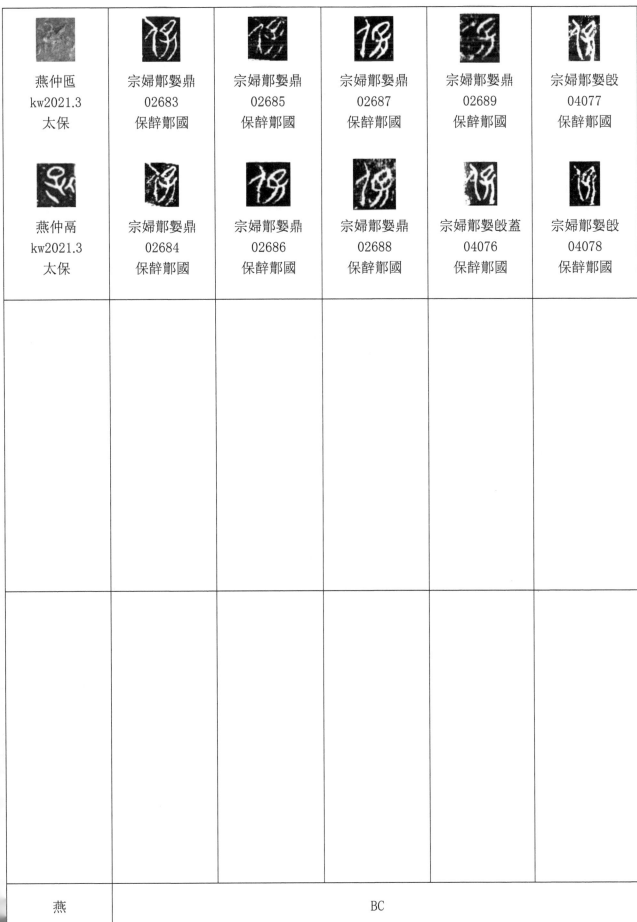

 宗婦鄁嫛𣪘 04079 保辭鄁國	 宗婦鄁嫛𣪘 04081 保辭鄁國	 宗婦鄁嫛𣪘 04084 保辭鄁國	 宗婦鄁嫛𣪘 04086.1 保辭鄁國	 宗婦鄁嫛壺 09698.2 保辭鄁國	 宗婦鄁嫛壺 09699.2 保辭鄁國
 宗婦鄁嫛𣪘 04080 保辭鄁國	 宗婦鄁嫛𣪘 04083 保辭鄁國	 宗婦鄁嫛𣪘 04085 保辭鄁國	 宗婦鄁嫛𣪘 04086.2 保辭鄁國	 宗婦鄁嫛壺 09699.1 保辭鄁國	 宗婦鄁嫛盤 10152 保辭鄁國

BC

	 毛叔盤 10145 永俘(保)用	 蘇公匜 xs1465 永琛(保)用			
			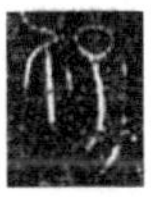 許公簠g mx0510 永保用之	 許公簠g mx0511 永保用之  許公簠q mx0511 永保用之	
 封子楚簠g mx0517 永保用  封子楚簠q mx0517 永保用之		 寬兒鼎 02722 永保用之 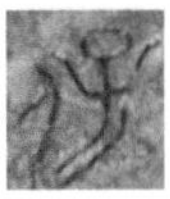 寬兒缶 mt14091 永保用之	 鄦子妝簠 04616 永保用之	 子璋鐘 00113 永保鼓之  子璋鐘 00114 永保鼓之	 子璋鐘 00115.1 永保鼓之  子璋鐘 00116.1 永保鼓之
鄭	毛	蘇	許		

					 魯大司徒子仲白匜　10277 永保用之
		 有兒簋 mt05166 永保用之	 宋公圝鋪 mt06157 永保用之 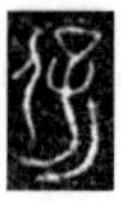 宋公圝鋪 mx0532 永保用之	 宋公圝鼎g mx0209 永保用之  宋公圝鼎q mx0209 永保用之	
 子璋鐘 00117.1 永保鼓之  子璋鐘 00119 永保鼓之	 鄦子盟自鎛 00153 永保鼓之  鄦子盟自鎛 00154 永保鼓之	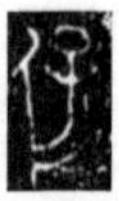 宋兒鼎 mx0162 永保用之	 欒子簠 04618 永保用之		
許		陳	宋		魯

<table>
<tr>
<td>
黿叔之伯鐘
00087
永賲(保)用享</td>
<td></td>
<td></td>
<td></td>
<td></td>
<td></td>
</tr>
<tr>
<td></td>
<td></td>
<td></td>
<td></td>
<td></td>
<td></td>
</tr>
<tr>
<td>
黿大宰鐘
00086.2
永保用享

邾公孫班鎛
00140
永保用之</td>
<td>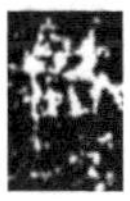
邾公孫班鎛
00140
宝乃是保

黿公華鐘
00245
邾邦是保</td>
<td>
黿公華鐘
00245
永保用享</td>
<td>
郳公鞁父鎛
mt15815
保朕邦家

郳公鞁父鎛
mt15815
永者是保</td>
<td>
郳公鞁父鎛
mt15816
保朕邦家

郳公鞁父鎛
mt15816
永者是保</td>
<td>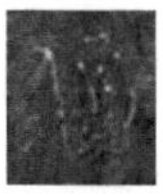
郳公鞁父鎛
mt15818
保朕邦家

郳公鞁父鎛
mt15818
永者是保</td>
</tr>
<tr>
<td colspan="3">邾</td>
<td colspan="3">郳</td>
</tr>
</table>

			 走馬薛仲赤簠 04556 永保用享		 齊縈姬盤 10147 永寶(保)用享
				 郜公典盤 xs1043 室家是俘(保)  郜公典盤 xs1043 永俘(保)用之	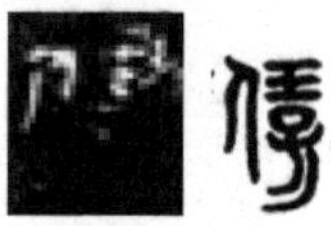 齊侯鎛 00271 令俘(保)其身  齊侯鎛 00271 俘(保)吾兄弟
 郳大司馬彊盤 ms1216 永保用之  郳大司馬彊匜 ms1260 永保用之	 郳大司馬鈚 ms1177 永保用之  鄬公克敦 04641 永保用之	 司馬楙鎛 eb50 子孫萬年是保			 公子土折壺 09709 永俘(保)用之 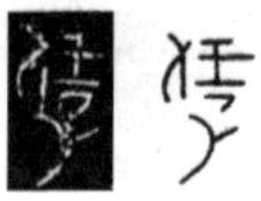 公子土折壺 09709 永俘(保)其身
郳		滕	薛	郜	齊

 齊侯匜 10242 永俘(保)用  齊侯盤 10117 永俘(保)用	 齊良壺 09659 永保用				
 齊侯鎛 00271 俘(保)吾子姓  齊侯鎛 00271 永俘(保)用享	 齊侯盂 10318 永俘(保)其身  齊侯盂 10318 永俘(保)用之	 齊侯子仲姜鬲 mx0261 永俘(保)其身  齊侯子仲姜鬲 mx0261 永俘(保)用之	 國差𦉜 10361 永僺(保)用之  叔夷鐘 00278 永俘(保)其身	 叔夷鐘 00278 永俘(保)用享  叔夷鎛 00285.8 永俘(保)其身	 叔夷鎛 00285.8 永俘(保)用享  齊医敦 04638 永俘(保)用
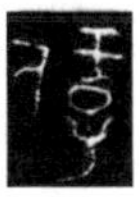 齐侯作孟姜敦 04645 永俘(保)用之  齊侯盤 10159 永俘(保)用之	 齊侯匜 10283 永俘(保)用之  齊侯鼎 mt02363 永俘(保)用之	 齊医敦 04639.1 永俘(保)用  齊医敦 04639.2 永俘(保)用	 慶叔匜 10280 永保其身  慶叔匜 10280 永保用之		

齊

					 哀鼎g mt0231 永俘(保)用之  哀鼎q mt0231 永俘(保)用之
 罿子鼎 mt02404A 俘(保)而兄弟  罿子鼎 mt02404A 永俘(保)用	 簷叔之仲子平鐘　00172 永保用之  簷叔之仲子平鐘　00173 永保用之	 簷叔之仲子平鐘　00174 永保用之  簷叔之仲子平鐘　00175 永保用之	 簷叔之仲子平鐘　00177 永保用之  簷叔之仲子平鐘　00179 永保用之	 簷叔之仲子平鐘　00180 永保用之	
	 鄘侯少子簋 04152 永保用享  鄘平壺 xs1088 永保用之				 㠱公壺 09704 永保其身  㠱公壺 09704 永保用之
齊	莒				㠱

<table>
<tr>
<td>
夆叔盤
10163
永停(保)其身

夆叔盤
10163
永停(保)用之</td>
<td>
夆叔匜
10282
永停(保)其身

夆叔匜
10282
永停(保)用之</td>
<td></td>
<td></td>
<td></td>
<td></td>
</tr>
<tr>
<td></td>
<td></td>
<td>
華孟子鼎
mx0207
子子孫孫僳(保)用享</td>
<td></td>
<td>
鄧公乘鼎
02573.1
永保用之
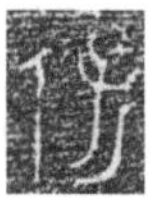
鄧公乘鼎
02573.2
永保用之</td>
<td>
番子鼎
ww2012.4
永保用之</td>
</tr>
<tr>
<td></td>
<td></td>
<td>
賈孫叔子屖盤
mt14512
室家是停(保)

保晋戈
xs1029
保晋戈</td>
<td>
保晋戈
mt16525
保晋戈
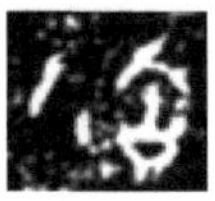
保晋戈
10979
佝(保)晋戈</td>
<td></td>
<td>
鄱子成周鐘
mt15256
永保鼓之</td>
</tr>
<tr>
<td colspan="2">逢</td>
<td colspan="2">D</td>
<td>鄧</td>
<td>番</td>
</tr>
</table>

 曾子斿鼎 02757 温屖下保  曾大保盆 10336 曾太保	 曾太保慶盆 eb965 曾太保  曾太保𡟰簋 mx0425 曾太保	 曾太保簠g ms0559 曾太保  曾太保簠q ms0559 曾太保		 蔡太史鉚 10356 永保用	
 曾公𠹌鎛鐘 jk2020.1 保埶子孫  曾公𠹌鎛鐘 jk2020.1 永保用享	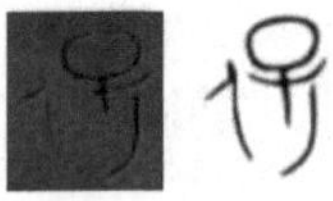 曾公𠹌甬鐘A jk2020.1 保埶子孫 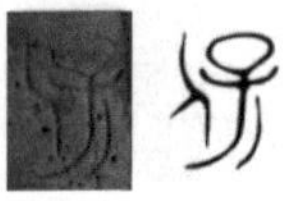 曾公𠹌甬鐘A jk2020.1 永保用享	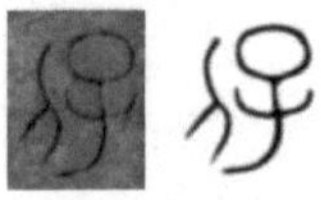 曾公𠹌甬鐘B jk2020.1 保埶子孫 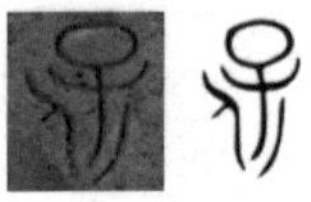 曾公𠹌甬鐘B jk2020.1 永保用享	 曾公𠹌甬鐘B jk2020.1 保埶子孫  嬭加鎛丁 ms1285 石(庶)保用之	 蔡大司馬燮盤 eb936 永保用之  蔡大司馬燮匜 mx0997 永保用之	 鄬中姬丹匜 xs472 永保用之
 曾侯與鐘 mx1038 保□  嫚盤 mx0948 永保用之	 曾子義行簠g xs1265 永保用之  曾子義行簠q xs1265 永保用之			 蔡侯䵼尊 06010 永保用之  蔡侯䵼盤 10171 永保用之	
曾				蔡	

 丁兒鼎蓋 xs1712 永保用之	 申文王之孫簋 mt05943 永保用之  申公壽簋 mx0498 永保用之	 叔姜簋g xs1212 永保用之  叔姜簋q xs1212 永保用之	 彭公孫無所鼎 eb299 永保用之  無所簋 eb474 永保用之	 彭子射盂鼎 mt02264 永保用之  彭子壽簋 mx0497 永保用之	 彭啓簋甲 ww2020.10 永保用之  彭啓簋丙g ww2020.10 永保用之
CE					

		 伯戔盆g 10341 永保用之  伯戔盆q 10341 永保用之			 楚太師登鐘 mt15511a 保辥楚王  楚太師登鐘 mt15512a 保辥楚王
	 蔡兒罍 xs1187 永保用之		 鄬肩簠 mx0500 永保用之	 蔡子敽盞g xs1235 永保用之  登句鑃 mx1048 永保是尚	 楚屈子赤目簠 04612 永保用之  楚屈子赤目簠 xs1230 永保用之
 彭啓簠丙q ww2020.10 永保用之				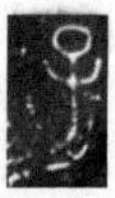 義子鼎 eb308 永保用之	 子季嬴青簠 04594.1 永寶用之  子季嬴青簠 04594.2 永寶用之
CE					楚

 楚太師登鐘 mt15514a 保辪楚王	 楚太師登鐘 mt15518b 保辪楚王	 楚王鐘 00072 永保用之			
 楚太師登鐘 mt15516a 保辪楚王	 楚太師鄧子辪慎鎛 mx1045 保辪楚王	 中子化盤 10137 用保楚王			
 楚子暖簠 04575 永保之	 楚子暖簠 04577 永保之	 何次簠g xs403 永保用之	 何次簠g xs404 永保用之	 孟縢姬缶 10005 永保用之	 王孫誥鐘 xs418 永保鼓之
 楚子暖簠 04576 永保之	 何次簠 xs402 永保用之	 何次簠q xs403 永保用之	 何次簠q xs404 永保用之	 孟縢姬缶 xs416 永保用之	 王孫誥鐘 xs419 永保鼓之
 褱鼎 02551.1 永保用之	 競孫旟也鬲 mt03036 永保之用享	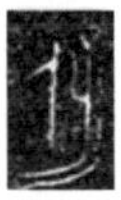 黝鎛 xs489a 永保鼓之			
 褱鼎 02551.2 永保用之	 競孫不服壺 mt12381 永保之用享	 黝鎛 xs490a 永保鼓之			
楚					

 王孫誥鐘 xs420 永保鼓之  王孫誥鐘 xs421 永保鼓之	 王孫誥鐘 xs422 永保鼓之  王孫誥鐘 xs423 永保鼓之	 王孫誥鐘 xs424 永保鼓之  王孫誥鐘 xs425 永保鼓之	 王孫誥鐘 xs426 永保鼓之  王孫誥鐘 xs427 永保鼓之	 王孫誥鐘 xs428 永保鼓之  王孫誥鐘 xs429 永保鼓之	 王孫誥鐘 xs431 永保鼓之  王孫誥鐘 xs436 永保鼓之

楚

 王孫誥鐘 xs437 永保鼓之  王孫誥鐘 xs438 永保鼓之	 王孫誥鐘 xs442 永保鼓之  王孫遺者鐘 00261.1 永保鼓之	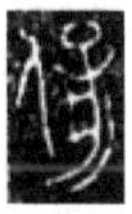 薦鬲 xs458 永保用之  飤簠g xs475 永保用之	 飤簠g xs476 永保用之  飤簠q xs476 永保用之	 飤簠g xs478 永保用之  飤簠q xs478 永保用之	 王子申盞 04643 永保用之  楚王媵嬭加缶 kg2020.7 永保用之

楚

 發孫虜簠 xs1773 永保用之  發孫虜鼎g xs1205 永保用之	 發孫虜鼎q xs1205 永保用之	 王子吴鼎 02717 永保用之  王子吴鼎 mt02343b 永保用之	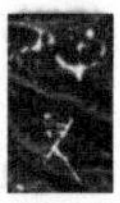 季子康鎛 mt15788b 永賲(保)是尚  季子康鎛 mt15789b 永賲(保)是尚	 季子康鎛 mt15790b 永賲(保)是尚 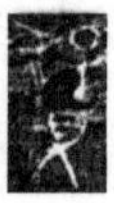 季子康鎛 mt15791b 永賲(保)是尚	 次口缶 xs1249 永保用之
					 沇兒鎛 00203.1 永保鼓之  郤王義楚觶 06513 永保台身
楚			鍾離		徐

<table>
<tr><td></td><td></td><td></td><td></td><td></td><td></td></tr>
<tr><td></td><td></td><td></td><td></td><td></td><td>
者減鐘
00194
永保是尚

者減鐘
00195
永保是尚</td></tr>
<tr><td>
郐[illegible]尹譬鼎
02766.1
永保用之

郐[illegible]尹譬鼎
02766.2
永保用之</td><td>
三兒簋
04245
□保用享

嬰同盆
ms0621
保戩公</td><td>
遷邟鐘
mt15520
永保用之

遷邟鐘
mt15521
永保用之</td><td>
遷邟鎛
mt15796
永保用之</td><td>
遷邟鎛
mt15794
永保用之

遷邟鐘
mx1027
永保用之</td><td>
臧孫鐘
00093
永保是從

臧孫鐘
00094
永保是從</td></tr>
<tr><td colspan="2">徐</td><td colspan="3">舒</td><td>吴</td></tr>
</table>

					 鄦大嗣攻鬲 00678 永保用之  王孫壽甗 00946 永保用之
 者減鐘 00197.2 永保是尚  者減鐘 00198.2 永保是尚	 者減鐘 00200 永保用之  者減鐘 00202 永保用之	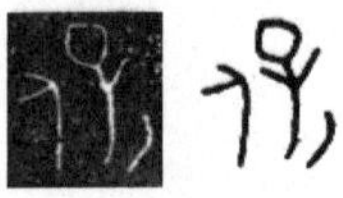 者減鐘 00201 永保用之			 匜君壺 09680 永保用之  侃孫奎母盤 10153 永保用之
 臧孫鐘 00095 永保是從  臧孫鐘 00096 永保是從	 臧孫鐘 00097 永保是從  臧孫鐘 00098 永保是從	 臧孫鐘 00100 永保是從  臧孫鐘 00101 永保是從	 姑馮昏同之子句鑃　00424.2 永保用之  其次句鑃 00421 永保用之	 其次句鑃 00422A 永保用之  其次句鑃 00422B 永保用之	 乙鼎 02607 永保用之
吴			越		

	仁	佩	伊	倗	
 簠仲之孫簋 04120 作□伯聯保簋  簠仲之孫簋 04120 永保用享					
 无疆匜 10264 □保用匜  益余敦 xs1627 永孖(保)用之		 子犯鐘 xs1011 衣裳帶市佩  子犯鐘 xs1023 衣裳帶市佩	 叔夷鐘 00276.1 伊小臣隹輔  叔夷鎛 00285.6 伊小臣隹輔		
 揚鼎 mt02319 永保用	 工吴王叡昫工 吴劍　mt17948 不可告仁			 封子楚簠q mx0517 匍(朋)友  封子楚簠g mx0517 匍(朋)友	 封子楚簠g mx0517 萬世匍(倗)改  封子楚簠q mx0517 萬世匍(倗)改
	吴	晋	齊	鄭	

	 叔夷鐘 00277.2 達而匍(倗)剌  叔夷鎛 00285.8 達而匍(倗)剌	 楚叔之孫倗鼎 02357.1 楚叔之孫匍(倗)  楚叔之孫倗鼎 xs411 楚叔之孫匍(倗)	 楚叔之孫倗鼎g xs410 楚叔之孫匍(倗)  楚叔之孫倗鼎q xs410 楚叔之孫匍(倗)	 倗之遳鼎g xs456 楚叔之孫匍(倗)  倗之遳鼎q xs456 楚叔之孫匍(倗)	 楚叔之孫倗鼎q xs473 楚叔之孫匍(倗) 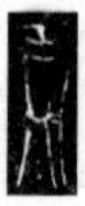 倗簠 04471.1 匍(倗)之簠
 鄦子盟自鎛 00153 匍(朋)友  鄦子盟自鎛 00154 匍(朋)友					
許	齊	楚			

 倗尊缶 09988.1 𠬙(倗)之尊缶	 倗尊缶q xs415 𠬙(倗)之尊缶	 倗鼎 xs452 倗(倗)之飤𥂴	 倗鼎 xs455 倗(倗)之飤□	 鄬子倗浴缶g xs459 楚叔之孫鄬子 𠬙(倗)	 鄬子倗浴缶g xs460 楚叔之孫鄬子 𠬙(倗)
 倗尊缶 09988.2 𠬙(倗)之尊缶	 倗鼎 xs451 倗(倗)之飤𦉜	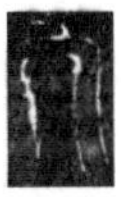 倗鼎 xs454 倗(倗)之飤𦉜	 鄬子倗簋 xs457 楚叔之孫鄬子 𠬙(倗)	 鄬子倗浴缶q xs459 楚叔之孫鄬子 𠬙(倗)	 鄬子倗浴缶q xs460 楚叔之孫鄬子 𠬙(倗)
楚					

 倗缶 xs461 鄬子匍(倗)  倗缶 xs462 鄬子匍(倗)	 倗缶 xs479 匍(倗)之缶  倗缶g xs480 匍(倗)之缶	 倗缶q xs480 匍(倗)之缶  倗盤 xs463 匍(倗)之盥盤	 倗匜 xs464 匍(倗)之盥盤  倗鼎g xs474 匍(倗)之飤鼎	 倗戟 xs469 匍(倗)用燮不廷   倗矛 xs470 匍(倗)之用矛	 倗鼎q xs474 匍(倗)之飤鼎  王孫遺者鐘 00261.2 匍(朋)友
楚					

 王子午鼎 02811.1 ⿹勹朋(倗)之鬻⿰鼎升  王子午鼎g xs444 ⿹勹朋(倗)之鬻⿰鼎升	 王子午鼎g xs449 ⿹勹朋(倗)之鬻⿰鼎升  王子午鼎 g xs447 ⿹勹朋(倗)之鬻⿰鼎升	 倗簠 04471.2 ⿹勹朋(倗)之⿱竹⿱古皿  倗簠g xs413 ⿹勹朋(倗)之⿱竹⿱古皿	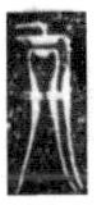 倗簠q xs413 ⿹勹朋(倗)之⿱竹⿱古皿		
				 徐王子旃鐘 00182.1 ⿹勹朋(朋)友	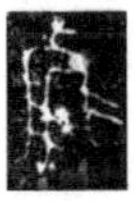 嘉賓鐘 00051 ⿹勹朋(朋)友
楚				徐	

儆	佗			何	
	 黄季佗父戈 xs88 黄季佗父				
		 楚屈叔佗戈 11198 楚屈叔佗  楚屈叔佗戈 11393.2 楚屈叔佗		 國差罎 10361 工師俩(何)	 何次簠 xs402 畢孫痾(何)次
 郐諧尹征城 00425.2 儆至劍兵			 虎鄭公佗戈 mx1150 虎鄭公佗		
徐	黄	楚	CE	齊	楚

備

 何次簠g xs403 畢孫䢔(何)次  何次簠q xs403 畢孫䢔(何)次	 何次簠g xs404 畢孫䢔(何)次  何次簠q xs404 畢孫䢔(何)次	 何訇君鼎 02477 何訇君党			
			 洹子孟姜壺 09729 玉備(佩)  洹子孟姜壺 09729 備(佩)玉	 洹子孟姜壺 09730 玉備(佩)  洹子孟姜壺 09730 備(佩)玉	 子備嶂戈 11021 子備譂(嶂)戈  子備璋戈 xs1540 子備璋戈
楚			齊		D

侵　作

	 備兵鼎 jjmy007 備兵作寶鼎			【春秋時期“作”多用“乍”字形記寫。“乍”另見】	
			 鐘伯侵鼎 02668 太師鐘伯侵		 鼄子鼎 mt02404 鼄钕(作)媵仲匋始
 曾侯與鐘 mx1034 俾士備御		 霸服晉邦劍 wy054 帛(霸)□備(服)晉邦		 郳公鞁朓 mx0891 自钕(作)商宴朓	 慶叔匜 10280 钕(作)媵…盥匜
曾	CE	吴		郳	齊

 叔夷鐘 00275.1 汝以戒戎攸(作)  叔夷鐘 00277.1 夷用攸(作)鑄其寶鐘	 叔夷鎛 00285.5 汝以戒戎攸(作)  叔夷鎛 00285.7 用攸(作)鑄其寶鎛				 鄬子受鐘 xs504 亡攸昧爽  鄬子受鐘 xs506 亡攸昧爽
		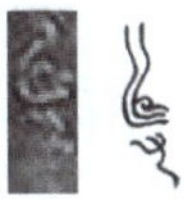 番仲戈 11261 复(作)…之造戈	 蔡公子加戈 mt16903 自复(作)用戈	 郙王劍 11611 自攸(作)用劍	 欒書缶 10008.2 以复(作)鑄缶
齊		番	蔡	CE	楚

 鄖子受鐘 xs510 亡攸昧爽  鄖子受鎛 xs513 亡攸昧爽	 鄖子受鎛 xs514 亡攸昧爽  鄖子受鎛 xs516 亡攸昧爽	 鄖子受鎛 xs517 亡攸昧爽  鄖子受鎛 xs519 亡攸昧爽			
			 攻吾王光劍 wy030 自乍(作)用劍  攻吾王光劍 wy030 自乍(作)用劍	 越王者旨劍 wy070 自乍(作)用劍  越王者旨劍 wy070 自乍(作)用劍	 越王者旨劍 wy070 自乍(作)用劍
楚			吴	越	

代	俗	儔	傳	伐	
				 子犯鐘 xs1021 搏伐楚荆	 庚壺 09733.1B 以殛伐𢀛□丘  庚壺 09733.2B 庚伐陸寅
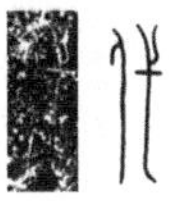 曾侯與鐘 mx1029 代<伐>武之堵(土)	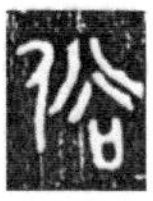 郤䣄尹朁鼎 02766.1 以津(洗)涂俗(沐浴)  郤䣄尹朁鼎 02766.2 以津(洗)涂俗(沐浴)	 嬭加鎛乙 ms1283 儔公及我大夫	 洹子孟姜壺 09729 遄傳祇御  洹子孟姜壺 09730 遄傳祇御		
曾	徐	曾	齊	晋	齊

	 伯克父鼎 ms0285 用伐我仇敵				
 叔夷鐘 00276.1 剸伐夏司  叔夷鎛 00285.6 剸伐夏司		 鼎之伐鼎 01955 鼎之伐□			
	 曾侯與鐘 mx1029 西政(征)南伐  曾侯残鐘 mx1031 伐武之堵(土)		 夫跌申鼎 xs1250 以伐四方	 吴王壽夢之子劍　xs1407 初命伐麻 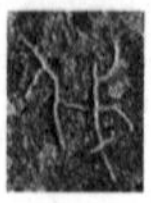 吴王壽夢之子劍　xs1407 荆伐徐	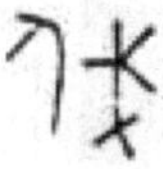 吴王餘眜劍 mx1352 命初伐麻
齊	曾	楚	舒	吴	

咎　　　　弔

			 内公鼎 00743 京仲氏婦弔(叔)姬  内子仲□鼎 02517 弔(叔)媿	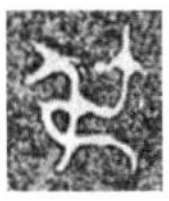 芮子仲殿鼎 mt02125 弔(叔)媿	 叔作穌子鼎 01926 弔(叔)作蘇子  尹小叔鼎 02214 尹小弔(叔)
 冉鉦鋮 00428 余以伐郘  冉鉦鋮 00428 余以伐郤	 巫鼎 ms0212 其咎(舅)叔考臣  巫簠 ms0557 其咎(舅)叔考臣	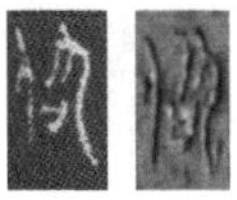 臧之無咎戈 mt16706 臧之無咎			
吴	曾	楚	芮		虢

虢	虞	晋			
 虢叔鬲 00603 虢弔(叔)  虢叔鬲 00603 弔(叔)殷穀	 吴王御士簠 04527 吴王御士尹氏弔(叔)緐  吴叔徒戈 xs978 吴弔(叔)	 晋叔家父壶 xs908 晋弔(叔)家父  晋叔家父壶 mt12357 晋弔(叔)家父	 晋叔家父盤 ms1188 晋弔(叔)家父  叔休壶 ms1060 司鹵弔(叔)休	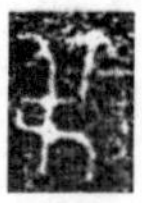 叔休盨 mt05617 司鹵弔(叔)休  叔休盨 mt05618 司鹵弔(叔)休	 叔休盨 mt05619 司鹵弔(叔)休  叔休盤 mt14482 司鹵弔(叔)休
		 吕大叔斧 11786 大弔(叔)  吕大叔斧 11787 大弔(叔)	 郘大叔斧 11788 大弔(叔)		

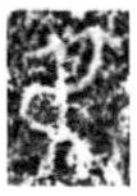 叔休盉 mt14778 司鹵弔(叔)休  叔休壺 ms1059 司鹵弔(叔)休	 衛夫人鬲 00595 衛文君夫人弔(叔)姜  衛夫人鬲 xs1700 衛文君夫人弔(叔)姜	 衛夫人鬲 xs1701 衛文君夫人弔(叔)姜 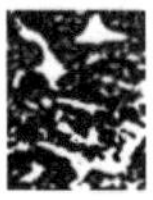 衛子叔□父簠 04499 衛子弔(叔)旡父	 單子白盨 04424 弔(叔)姜	 毛叔虎父簋g mx0424 毛弔(叔)虎父  毛叔虎父簋q mx0424 毛弔(叔)虎父	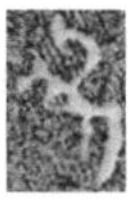 毛叔虎父簋g hx2021.5 毛弔(叔)虎父  毛叔虎父簋q hx2021.5 毛弔(叔)虎父
晋	衛		單	毛	

 毛虎壺q hx2021.5 皇考聖弔(叔) 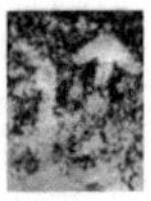 毛虎壺g hx2021.5 皇考聖弔(叔)	 毛叔盤 10145 毛弔(叔)	 弟大叔殘器 xs991 大弔(叔)		 鄭井叔蒦父鬲 00580 鄭井弔(叔)  鄭井叔蒦父鬲 00581 鄭井弔(叔)	 鄭叔蒦父鬲 00579 鄭弔(叔)  鄭伯氏士叔皇父鼎　02667 鄭伯氏士弔(叔)皇父
			 叔左鼎 mt02334 弔(叔)左囗之囗三鼒	 鄭大内史叔上匜　10281 鄭大内史弔(叔)上  鄭大内史叔上匜　10281 弔(叔)妘	
				 哀成叔鼎 02782 哀成弔(叔)  哀成叔鈚 04650 哀成弔(叔)	 哀成叔豆 04663 哀成弔(叔)  鄭莊公之孫盧鼎　mt02409 剌弔(叔)剌夫人
毛		BC	BC	鄭	

<table>
<tr>
<td>
召叔山父簠
04601
召弔(叔)山父

召叔山父簠
04602
召弔(叔)山父</td>
<td>
寶登鼎
mt02122
鄭噩弔(叔)</td>
<td>
伯國父鼎
mx0194
弔(叔)嬀</td>
<td></td>
<td>
陳公子甗
00947
弔(叔)邍父</td>
<td>
𢦏叔朕鼎
02690
戴弔(叔)朕

𢦏叔朕鼎
02691
戴弔(叔)朕</td>
</tr>
<tr>
<td></td>
<td></td>
<td>
許公簠g
mx0510
弔(叔)姜

許公簠q
mx0510
弔(叔)姜</td>
<td>
許公簠g
mx0511
弔(叔)姜

許公簠q
mx0511
弔(叔)姜</td>
<td>
敶姬小公子盨
04379.1
弔(叔)嬀

敶姬小公子盨
04379.2
弔(叔)嬀</td>
<td></td>
</tr>
<tr>
<td>
封子楚簠g
mx0517
虢虢弔(叔)楚</td>
<td></td>
<td></td>
<td></td>
<td></td>
<td></td>
</tr>
<tr>
<td colspan="2">鄭</td>
<td colspan="2">許</td>
<td>陳</td>
<td>戴</td>
</tr>
</table>

 𢦏叔朕鼎 02692 戴弔(叔)朕  叔朕簠 04620 弔(叔)朕	 叔朕簠 04620 弔(叔)朕  叔朕簠 04621 弔(叔)朕	 叔朕簠 04621 弔(叔)朕  𢦏叔慶父鬲 00608 戴弔(叔)	 𢦏叔慶父鬲 00608 弔(叔)姬	 商丘叔簠 04557 商丘弔(叔)  商丘叔簠 04558 商丘弔(叔)	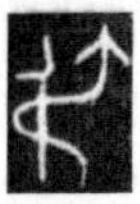 商丘叔簠 04559.1 商丘弔(叔)  商丘叔簠 04559.2 商丘弔(叔)
				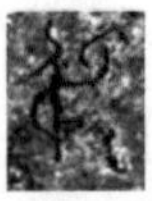 宋公圝鋪 mt06157 濫弔(叔)子  宋公圝鋪 mx0532 濫弔(叔)子	 宋公圝鼎q mx0209 濫弔(叔)子
戴				宋	

 商丘叔簠 xs1071 商丘弔(叔)	 魯酉子安母簠g mt05903 正弔(叔)之士 𪇰俞  魯正叔盤 10124 魯正弔(叔)	 郳叔彪父簠q ms0573 郳弔(叔)  郳叔彪父簠 04592 郳弔(叔)	 鼄叔之伯鐘 00087 郳弔(叔)		 薛侯盤 10133 弔(叔)妊  薛侯匜 10263 弔(叔)妊
			 虖㠯丘君盤 wm6.200 弔(叔)妽		
				 者兒戈 mx1255 吞弔(叔)之子  司馬楙鎛 eb48 朕文考懿弔(叔)	
宋	魯	郳		滕	薛

<table>
<tr><td></td><td></td><td></td><td></td><td></td><td></td></tr>
<tr>
<td>
齊侯鎛
00271
䡃(鮑)弔(叔)

齊侯鎛
00271
皇祖聖弔(叔)</td>
<td>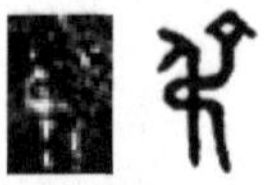
齊侯鎛
00271
皇祖有成惠弔(叔)

齊侯鎛
00271
䡃(鮑)弔(叔)</td>
<td>
庚壺
09733.1B
武弔(叔)</td>
<td>
叔夷鐘
00276.1
弔(叔)夷

叔夷鎛
00285.6
弔(叔)夷</td>
<td>
簷叔之仲子平鐘　00172
簷(莒)弔(叔)

簷叔之仲子平鐘　00174
簷(莒)弔(叔)</td>
<td>
簷叔之仲子平鐘　00177
簷(莒)弔(叔)

簷叔之仲子平鐘　00180
簷(莒)弔(叔)</td>
</tr>
<tr>
<td>
慶叔匜
10280
慶弔(叔)</td>
<td></td><td></td><td></td>
<td>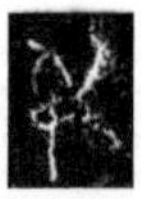
鄘平壺
xs1088
鄘(莒)大弔(叔)</td>
<td></td>
</tr>
<tr><td colspan="4">齊</td><td colspan="2">莒</td></tr>
</table>

 鑄子叔黑臣鼎 02587 鑄子弔(叔)黑臣	 鑄子叔黑臣盨 mt05608 鑄子弔(叔)黑臣	 鑄子叔黑臣簠 04570.2 鑄子弔(叔)黑臣	 鑄子叔黑臣簠 04571.2 鑄子弔(叔)黑臣	 鑄子叔黑臣簋 03944 鑄子弔(叔)黑臣	 鑄叔作嬴氏鼎 02568 鑄弔(叔)
 鑄子叔黑臣盨 04423 鑄子弔(叔)黑臣	 鑄子叔黑臣簠 04570.1 鑄子弔(叔)黑臣	 鑄子叔黑臣簠 04571.1 鑄子弔(叔)黑臣	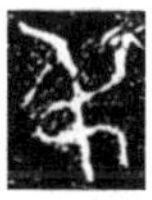 叔黑臣匜 10217 弔(叔)黑臣	 鑄子叔黑臣鬲 00735 鑄子弔(叔)黑臣	 鑄叔作嬴氏簠 04560.1 鑄弔(叔)

鑄

 鑄叔作嬴氏簠 04560.2 鑄弔(叔)	 鑄叔盤 mt14456 鑄弔(叔)  鑄叔盤 mt14456 弔(叔)妊秦		 夆叔盤 10163 夆弔(叔) 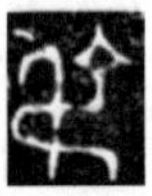 夆叔匜 10282 夆弔(叔)	 干氏叔子盤 10131 干氏弔(叔)子	
					 鄧子盤 xs1242 叔[嫚]
		 㠱公壺 09704 弔(叔)姜		 賈孫叔子屖盤 mt14512 賈孫弔(叔)子	
鑄		㠱	逢	D	鄧

 樊君鬲 00626 弔(叔)嬴𩰫	 叔單鼎 02657 黄孫子□君弔(叔)單	 番叔壺 xs297 番弔(叔)□龠	 曾侯簠 04598 弔(叔)姬霝 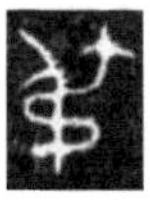 曾侯簠 04598 弔(叔)姬	 曾大保盆 10336 曾太保𪒠弔(叔)亟 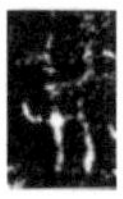 夨叔匜 ms1257 夨弔(叔)△父	
			 湛之戈甲 kxs2021.1 曾弔(叔)孫  湛之戈乙 kxs2021.1 曾弔(叔)孫	  湛之鈚 kxs2021.1 曾弔(叔)孫  曾子叔交戈 ms1422 曾子弔(叔)交之執	 曾公子叔涹簠g mx0507 曾公子弔(叔)涹  曾公子叔涹簠 mx0508 曾公子弔(叔)涹
			 曾叔旂鼎 mx0109 曾弔(叔)旂  曾叔旂壺 mx0810 曾弔(叔)旂	 巫鼎 ms0212 其舅弔(叔)考臣  巫簠 ms0557 其舅弔(叔)考臣	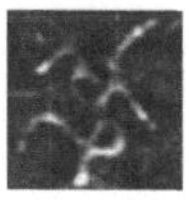 曾公叔考臣甗 ms0357 曾公孫弔(叔)考臣  曾子叔犾父簠蓋　04544 曾子弔(叔)犾父
樊	黄	番	曾		

	 蔡公子叔湯壺 xs1892 蔡公子弔(叔)湯				
 叔旟鼎g mx0139 大曾文之孫弔(叔)䶫  叔旟鼎q mx0139 大曾文之孫弔(叔)䶫					 上鄀公簠g xs401 弔(叔)嬶番改  上鄀公簠q xs401 弔(叔)嬶番改
	 蔡大師鼎 02738 許弔(叔)姬  蔡叔季之孫䝿匜　10284 蔡弔(叔)	 蔡叔𧇡敄戟 mx1170 蔡弔(叔)  蔡侯劍 11601 蔡侯□弔(叔)	 蔡叔子宴戈 mx1171 蔡弔(叔)  蔡叔戟 mt16810 蔡弔(叔)	 叔姜簠g xs1212 弔(叔)姜  叔姜簠q xs1212 弔(叔)姜	
曾	蔡			CE	

					 考叔脂父簠 04608.1 考弔(叔)脂父  考叔脂父簠 04608.2 考弔(叔)脂父
 江叔螽鬲 00677 江弔(叔)  叔師父壺 09706 弔(叔)師父	 郹叔義行戈 mx1146 郹弔(叔)	 鄴伯受簠 04599.1 元妹弔(叔)嬴  鄴伯受簠 04599.2 元妹弔(叔)嬴	 盜叔壺 09625 盜弔(叔)  盜叔壺 09626 盜弔(叔)	 洜叔鼎 02355 洜弔(叔)  盜叔戈 11067 盜弔(叔)	 以鄧匜 xs405 楚弔(叔)
			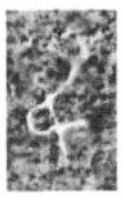 叔皇之孫鯰敦 ms0593 叔往之孫		 楚叔之孫途盉 09426 楚弔(叔)
CE					楚

 考叔寣父簠 04609.1 考弔(叔)寣父					
 考叔寣父簠 04609.2 考弔(叔)寣父					
 以鄧鼎g xs406 楚弔(叔)	 楚屈叔佗戈 11198 楚屈弔(叔)佗	 楚叔之孫倗鼎 02357.1 楚弔(叔)	 楚叔之孫倗鼎g xs410 楚弔(叔)	 倗之遳鼎g xs456 楚弔(叔)	 楚叔之孫倗鼎q xs473 楚弔(叔)
 以鄧鼎q xs406 楚弔(叔)	 楚屈叔佗戈 11393.2 楚屈弔(叔)佗	 楚叔之孫倗鼎 xs411 楚弔(叔)	 楚叔之孫倗鼎q xs410 楚弔(叔)	 倗之遳鼎q xs456 楚弔(叔)	 鄬子倗簠 xs457 楚弔(叔)
楚					

 鄬子倗浴缶g xs459 楚弔(叔)  鄬子倗浴缶q xs459 楚弔(叔)	 鄬子倗浴缶g xs460 楚弔(叔) 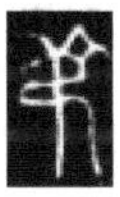 鄬子倗浴缶q xs460 楚弔(叔)	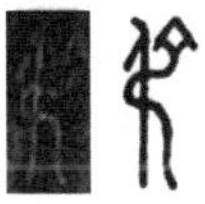 克黃豆 mt06132 楚弔(叔)			
			 工虞大叔戈 mt17138 工虞大弔(叔)  吴王光鐘 0223.1 [往巳]弔(叔)姬	 吴王光鑑 10298 弔(叔)姬  吴王光鑑 10298 弔(叔)姬	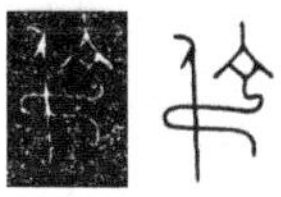 吴王光鑑 10299 弔(叔)姬  吴王光鑑 10299 弔(叔)姬
楚			吴		

	 叔皮父簋 04127 弔(叔)皮父  叔皮父簋 04127 弔(叔)皮父	 竇侯簠 04561 弔(叔)姬  竇侯簠 04562 弔(叔)姬	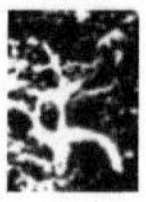 子叔壺 09603.1 子弔(叔)  子叔壺 09603.1 弔(叔)姜	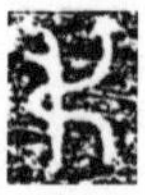 子叔壺 09603.2 子弔(叔)  子叔嬴内君盆 10331 子弔(叔)嬴内君	 叔牙父鬲 00674 弔(叔)牙父 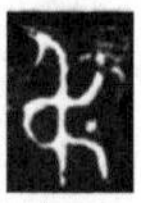 叔姬鼎 02392 弔(叔)姬
	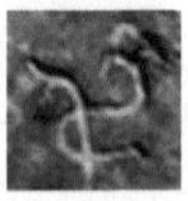 王孫叔諲甗 mt03362 王孫弔(叔)諲	 益余敦 xs1627 陳弔(叔)嫣			
 攻吳大叔盤 xs1264 工盧大弔(叔) 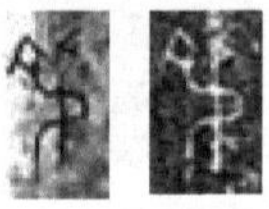 工盧大叔劇矣劍　mx1345 工盧大弔(叔)	 師麻孝叔鼎 02552 師麻孝弔(叔)				
吳					

			休		亘
 京叔姬簋 04504 京弔(叔)姬  叔家父簠 04615 弔(叔)家父	 叔元果戈 xs1694 弔(叔)元果兼	 叔夜鼎 02646 弔(叔)夜  叔液鼎 02669 弔(叔)液			
			 曾公畎鎛鐘 jk2020.1 卑辝千休 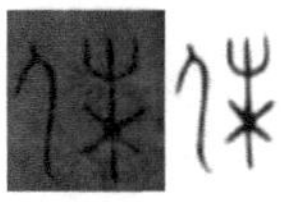 曾公畎甬鐘 A jk2020.1 卑辝千休	 曾公畎甬鐘 B jk2020.1 卑辝千休	
					 亘多壺 mx0810 亘多之行壺  亘多壺 mx0926 亘多之行盤
			曾		曾

侓	俩	偯			德
	 戎生鐘 xs1614 俩(僪)司鑾戎	 楚太師登鐘 mt15511a 偯叚□□  楚太師登鐘 mt15512a 偯叚□□	 楚太師登鐘 mt15514b 偯叚□□  楚太師登鐘 mt15516b 偯叚□□	 楚太師登鐘 mt15518b 偯叚□□  楚太師鄧子鎛 mx1045 偯偯叚遲	
					 王孫遺者鐘 00261.2 誕永余德(值)
 曾侯與鐘 mx1034 侓士備御					
曾	晋	楚			楚

化	卓	從			
 中子化盤 10137 中子化	 卓林父簋蓋 04018 卓林父	 内公鐘 00031 從鐘	 内公鐘鈎 00033 從鐘	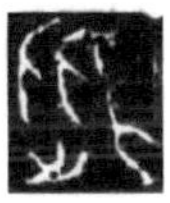 内公簋蓋 03708 從簋	 内公壺 09598 從壺
		 内公鐘鈎 00032 從鐘	 内公簋蓋 03707 從簋	 内公壺 09597 從壺	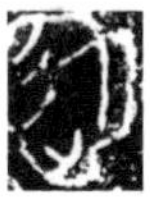 内公鼎 02387 從鼎
楚		芮			

 内公鼎 02389 從鼎	 虢宫父盤 xs51 用從永征  虢宫父鬲 t02937 用從永征	 虢宫父匜 mt14895 用從永征  虢宫父鬲 xs50 用從永征	 衛夫人鬲 xs1700 用從䳑(遥)征  衛夫人鬲 xs1701 用從䳑(遥)征		
				 齊侯鎛 00271 侯氏從達之曰  庚壺 09733.1B 入鄺從河	
				 洹子孟姜壺 09729 從(縱)爾大樂  洹子孟姜壺 09729 從(縱)爾大樂	 洹子孟姜壺 09730 從(縱)爾大樂
芮	虢		衛	齊	

 曾伯從寵鼎 02550 曾伯從寵					
			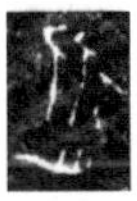 季子康鎛 mt15788b 以從我師行  季子康鎛 mt15790b 以從我師行	 季子康鎛 mt15791b 以從[我師行]	
	 蔡公子從戈 mt16906 蔡公子從  蔡公子從劍 mt17838 蔡公子從	 蔡公子從劍 mt17837 蔡公子從  蔡公子從戈 xs1676 蔡公子從			 夫跌申鼎 xs1250 以從攻盧王
曾	蔡		鍾離		舒

比　　北

				 申比父豆g ms0604 申比父  申比父豆q ms0604 申比父	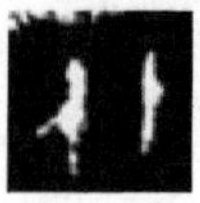 畢仲弁簠 mt05912 作爲其北善盬
  臧孫鐘 00094 永保是從  臧孫鐘 00095 永保是從	 臧孫鐘 00096 永保是從 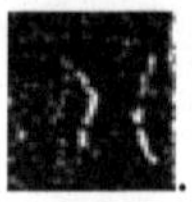 臧孫鐘 00098 永保是從	 臧孫鐘 00100 永保是從  臧孫鐘 00101 永保是從	  𨱔城戟 xs971 比城之□戟		
吴			晋	CE	郳

 工𪒠王劍 11665 北南西行 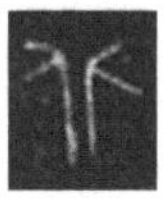 工𪒠王姑發者坂劍 ms1617 以北南西行	 吴王餘眜劍 mx1352 既北既殃	 越王丌北古劍 11703 越王丌北古  越王丌北古劍 11703 越王丌北古	 越王丌北古劍 11703 唯越王丌北  越王丌北古劍 xs1317 越王丌北古	 越王丌北古劍 xs1317 越王丌北古  越王丌北古劍 xs1317 越王丌北	 越王丌北古劍 wy098 越王丌北古  越王丌北古劍 wy098 越王丌北古
吴		越			

丘

	 虖北鼎 02082 虖北	 商丘叔簠 04557 商丘  商丘叔簠 04558 商丘	 商丘叔簠 04559.1 商丘  商丘叔簠 04559.2 商丘	 商丘叔簠 xs1071 商丘	
					 虖㚸丘匜 10194 虖㚸丘  虖㚸丘君盤 wm6.200 虖㚸丘君
 越王丌北古劍 wy098 越王丌北	 北付戈 mt16428 北付				
越		宋	宋	宋	郲

衆　　　　　　　　塑

					 鄘公鼎 02714 八月既塑
 庚壺 09733.1B 以殛伐彘□丘  庚壺 09733.2B 遥(陶)丘	 事孫□丘戈 11069 事孫□丘戈			 司馬塑戈 11131 司馬塑	
	 闌丘爲鵗造戈 11073 闌(間)丘	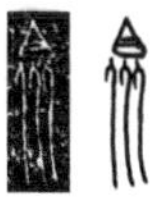 曾侯與鐘 mx1029 衆庶	 吴王餘昧劍 mx1352 獲衆多		
齐	D	曾	吴	D	CE

監

				 昶伯墉盤 10130 寶監(鑑)	
			 蔡君季鰓鑑 mx0535 濫(鑑)盂		
 三兒簋 04245 敀子望□□仲  三兒簋 04245 望□皇母	 郳公敼父鎛 mt15815 敬監歟(祼)祀 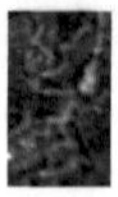 郳公敼父鎛 mt15816 敬監歟(祼)祀	 郳公敼父鎛 mt15817 敬監歟(祼)祀  郳公敼父鎛 mt15818 敬監歟(祼)祀			 吴王夫差鑑 10294 御監(鑑)  吴王夫差鑑 10295 御監(鑑)
徐	郳		CE		吴

				臨	身
		 无疆匜 10264 □監日□	 監戈 10893 監戈  監戈 10894 監戈		 晉公盤 mx0952 以乂朕身
 吴王夫差鑑 10296 御監(鑑)  攻吴王夫差鑑 xs1477 御監(鑑)	 攻吴王夫差鑑 mx1000 御監(鑑)			 曾侯與鐘 mx1034 臨觀元□ 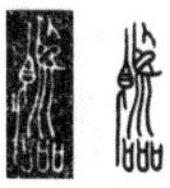 曾侯與鐘 mx1029 䚋(臨)有江夏	
吴				曾	晉

 宋右師延敦 CEB33001 于朕身永永有慶	 鼄公牼鐘 00149 以[樂]其身  鼄公牼鐘 00151 以樂其身	 鼄公華鐘 00245 淑穆不惰于厥身	 郳公鞁父鎛 mt15815 正和朕身  郳公鞁父鎛 mt15816 正和朕身	 郳公鞁父鎛 mt15817 正和朕身  郳公鞁父鎛 mt15818 正和朕身	 郳大司馬彊盤 ms1216 故壽其身  郳大司馬彊匜 ms1260 故壽其身
宋	邾		郳		

<table>
<tr>
<td></td>
<td></td>
<td></td>
<td></td>
<td></td>
<td>
夆叔盤
10163
永保其身

夆叔匜
10282
永保其身</td>
</tr>
<tr>
<td>
齊侯鎛
00271
令保其身

齊侯盂
10318
永保其身</td>
<td>
叔夷鐘
00275.1
汝以卹余朕身

叔夷鐘
00278
永保其身</td>
<td>
叔夷鎛
00285.5
汝以卹余朕身

叔夷鎛
00285.8
永保其身</td>
<td>
庚壺
09733.1B
靈公之身

齊侯子仲姜鬲
mx0261
永保其身</td>
<td></td>
<td></td>
</tr>
<tr>
<td>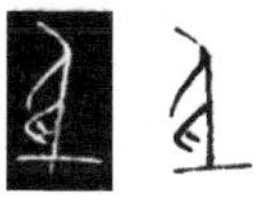
公子土折壺
09709
永保其身</td>
<td>
慶叔匜
10280
永保其身</td>
<td></td>
<td></td>
<td>
曩公壺
09704
永保其身</td>
<td></td>
</tr>
<tr>
<td colspan="4">齊</td>
<td>曩</td>
<td>逢</td>
</tr>
</table>

殷

	 虢叔鬲 00603 叔殷穀				 上曾太子鼎 02750 上曾太子般殷
		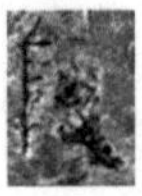 宋公圝鋪 mt06157 有殷天乙唐(湯)  宋公圝鋪 mx0532 有殷天乙唐(湯)	 宋公圝鼎 mx0209 有殷天乙唐(湯)  宋公圝鼎q mx0209 有殷天乙唐(湯)	 庚壺 09733.1B 殷王	
 郐王義楚觶 06513 永保糿(台)身		 宋公䜌簠 04589 有殷天乙唐(湯)  宋公䜌簠 04590 有殷天乙唐(湯)			
徐	虢	宋		齊	D

衣				褱	
				 晋姜鼎 02826 康揉妥(綏)褱	
	 子犯鐘 xs1011 衣裳  子犯鐘 xs1023 衣裳	 庚壺 09733.1B 衣裘車馬	 伯亞臣鐳 09974 衣<初>吉		 曾公畎鎛鐘 jk2020.1 適褱(懷)多福 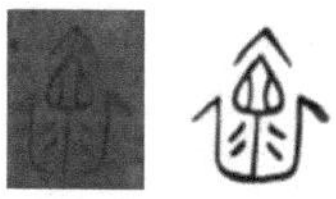 曾公畎甬鐘 A jk2020.1 適褱(懷)多福
 曾侯與鐘 mx1029 達殹(殷)之命					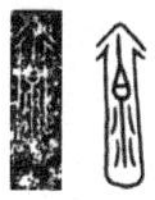 曾侯與鐘 mx1029 褱(懷)燮四方  曾孫褱簠 mx0483 曾孫褱
曾	晋	齊	黄	晋	曾

袌

				 楚太師登鐘 mt15511a 慎袌(淑)温恭  楚太師登鐘 mt15512a 慎袌(淑)温恭	 楚太師登鐘 mt15513a 慎袌(淑)温恭  楚太師登鐘 mt15514a 慎袌(淑)温恭
  曾公畎甬鐘 B jk2020.1 適褱(懷)多福		 曾公畎鎛鐘 jk2020.1 既袌(淑)既平  曾公畎甬鐘 A jk2020.1 既袌(淑)既平	  曾公畎甬鐘 B jk2020.1 既袌(淑)既平		
	 褱鼎 02551.1 褱自作飤碻駝  褱鼎 02551.2 褱自作飤碻駝				
曾	楚	曾		楚	

			裔	衰	卒
 楚太師登鐘 mt15516a 慎衷(淑)温恭	 楚太師登鐘 mt15517 慎衷(淑)温恭  楚太師登鐘 mt15518a 慎衷(淑)温恭	 楚太師登鐘 mt15519a 慎衷(淑)温恭  楚太師鄧子鎛 mx1045 慎衷(淑)温恭			
				 庚壺 09733.1B 衰(崔)子	 郜公典盤 xs1043 于終有卒
			 裔宿敦午戟 mx1131 裔宿敦午戟		
楚				齊	郜

裘　求

		 侯母壺 09657.1 求福無疆  侯母壺 09657.2 求福無疆			 鑄侯求鐘 00047 鑄侯求
	 庚壺 09733.1B 衣裘		 鼄君鐘 00050 邾君求吉金	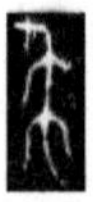 齊侯鎛 00271 用求考命彌生	
 我自鑄鈹 mt17860 我自鑄少卒之用鈹					
	齊	魯	郳	齊	鑄

老

				 夆叔盤 10163 壽老無期  夆叔匜 10282 壽老無期	
 郜公典盤 xs1043 眉壽難老	 齊太宰歸父盤 10151 靈命難老  齊侯鎛 00271 壽老毋死	 齊侯子仲姜鬲 mx0261 老壽無期	 叔夷鐘 00277.1 靈命難老  叔夷鎛 00285.7 靈命難老		
					 荆公孫敦 mt06070 老壽用之  賈孫叔子屖盤 mt14512 壽老無期
郜	齊			逢	D

者

	 戎生鐘 xs1619 黄耇又萴	 曾伯文簠 04051.1 眉壽黄耇  曾伯文簠 04051.2 眉壽黄耇	 曾伯文簠 04052.1 眉壽黄耇  曾伯文簠 04052.2 眉壽黄耇	 曾伯文簠 04053 眉壽黄耇  曾伯文簠 mt05028 眉壽黄耇	 曾仲大父蝨毁 04203 黄耇霝終  曾仲大父蝨毁 04204.1 黄耇霝終
 侯孫老簠 g ms0586 侯孫老		 孆加鎛丁 ms1285 霝終黄耇			
CE	晋	曾			

壽

 曾仲大父螽𣪘 04204.2 黄耇霝終  曾子伯𧧼盤 10156 黄耇霝[終]	 曾伯桼簠 04631 遐不黄耇  曾伯桼簠 04632 遐不黄耇	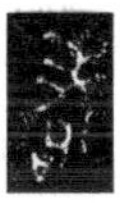 伯克父鼎 ms0285 眉壽黄耇  曾伯克父簋 ms0509 黄耇霝終	 曾伯克父壺g ms1062 眉壽黄耇  曾伯克父壺q ms1062 眉壽黄耇	 曾伯克父壺 ms1063 眉壽黄耇	 秦子鎛 mt15771 眉𠷎(壽)萬人(年)無彊  秦公鐘 00263 大𠷎(壽)萬年
					 秦公簋 04315.2 眉𠷎(壽)無彊  盄和鐘 00270.2 眉𠷎(壽)無彊
曾					秦

 秦公鐘 00263 眉耇(壽)無疆  秦公鐘 00266 大耇(壽)萬年	 秦公鎛 00267.2 大耇(壽)萬年  秦公鎛 00267.2 眉耇(壽)無疆	 秦公鎛 00268.2 大耇(壽)萬年  秦公鎛 00268.2 眉耇(壽)無疆	 秦公鎛 00269.2 大耇(壽)萬年  秦公鎛 00269.2 眉耇(壽)無疆	 芮公鼓架銅套 ms1725 用祈眉壽	 筍侯匜 10232 其萬耇(壽)
秦				芮	荀

 菽仲盬鑪 mt14087 眉壽(壽)萬年無疆	 虢季鐘 xs2 用祈萬壽(壽)  虢季鐘 xs3 用祈萬壽(壽)	 戎生鐘 xs1618 用祈眉壽(壽)  太師盤 xs1464 用祈眉壽(壽)	 晉姜鼎 02826 用祈綽綰眉壽(壽)  晉姜鼎 02826 三壽(壽)是利		
		 子犯鐘 xs1014 用祈眉壽(壽)  子犯鐘 xs1018 用祈眉壽(壽)	 長子沫臣簠 04625.1 眉壽(壽)萬年無期  長子沫臣簠 04625.2 眉壽(壽)萬年無期		
		 郘黛鐘 00225 以祈眉壽(壽)  郘黛鐘 00226 以祈眉壽(壽)	 郘黛鐘 00228 以祈眉壽(壽)  郘黛鐘 00231 以祈眉壽(壽)	 郘黛鐘 00232 以祈眉壽(壽)  郘黛鐘 00233 以祈眉壽(壽)	 郘黛鐘 00235 以祈眉壽(壽)  郘黛鐘 00237 以祈眉壽(壽)
AB	虢	晉			

 鄭伯氏士叔皇父鼎　02667 眉耇(壽)萬年無疆  子耳鼎 mt02253 眉耇(壽)無疆	 召叔山父簠 04601 用匄眉耇(壽)  召叔山父簠 04602 用匄眉耇(壽)	 鄭義伯鑐 09973.1 用賜眉𦒷(壽)  鄭義伯鑐 09973.2 用賜眉𠷎(壽)	 蘇公匜 xs1465 萬年眉耇(壽)無疆	 毛叔盤 10145 萬年眉耇(壽)無疆	 鄦奓魯生鼎 02605 作耇(壽)母媵鼎  鄦奓魯生鼎 02605 萬年眉耇(壽)
 封子楚簠g mx0517 眉耇(壽)無期			 寬兒鼎 02722 眉耇(壽)無期  寬兒缶 mt14091 眉耇(壽)無期		 鄦公買簠 04617.2 以祈眉耇(壽)  鄦公買簠g eb475 以祈眉耇(壽)
鄭			蘇	毛	許

 伯國父鼎 mx0194 萬耆(壽)無疆					 𨟻侯鼎 02650 永耆(壽)用之  陳公子甗 00947 用祈眉耆(壽)
					 陳公子中慶簠 04597 用祈眉耆(壽)  陳公子中慶簠 04597 永耆(壽)用之
 鄦公買簠q eb475 以祈眉耆(壽)  喬君鉦鋮 00423 以祈眉耆(壽)	 子璋鐘 00113 眉耆(壽)無期  子璋鐘 00114 眉耆(壽)無期	 子璋鐘 00115.2 眉耆(壽)無期  子璋鐘 00116.2 眉耆(壽)無期	 子璋鐘 00117.2 眉耆(壽)無期  子璋鐘 00119 眉耆(壽)無期	 鄦子盟自鎛 00153 眉耆(壽)毋已  鄦子盟自鎛 00154 眉耆(壽)毋已	 陳樂君甗 xs1073 眉耆(壽)無疆
許					陳

 原氏仲簠 xs395 用祈眉耆(壽)	 原氏仲簠 xs396 用祈眉耆(壽)	 原氏仲簠 xs397 永耆(壽)用之			
 原氏仲簠 xs396 永耆(壽)用之	 原氏仲簠 xs397 用祈眉耆(壽)				
 陳公孫㾓父瓶 09979 永耆(壽)用之	 敶灰作孟姜㛮 簠　04606 用祈眉耆(壽)	 敶灰作孟姜㛮 簠　04607 用祈眉耆(壽)	 敶灰作王仲嬀 㛮簠　04603.1 眉耆(壽)無疆	 敶灰作王仲嬀 㛮簠　04603.1 永耆(壽)用之	 敶灰作王仲嬀 㛮簠　04604.1 眉耆(壽)無疆
 陳公孫㾓父瓶 09979 用祈眉耆(壽)	 敶灰作孟姜㛮 簠　04606 永耆(壽)用之	 敶灰作孟姜㛮 簠　04607 永耆(壽)用之	 敶灰作王仲嬀 㛮簠　04603.2 眉耆(壽)無疆	 敶灰作王仲嬀 㛮簠　04603.2 永耆(壽)用之	 敶灰作王仲嬀 㛮簠　04604.2 眉耆(壽)無疆

陳

 陳医作王仲媯 㛙簠 04604.1 永𦔻(壽)用之	 陳医盤 10157 用祈眉𦔻(壽)	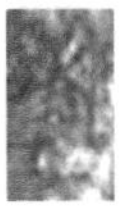 陳侯匜 xs1833 □祈眉𦔻(壽)	 敶子匜 10279 用祈眉𦔻(壽)	 敶大喪史仲高 鐘 00352.1 眉𦔻(壽)無疆	 敶大喪史仲高 鐘 00354.1 眉𦔻(壽)無疆
 敶医作王仲媯 㛙簠 04604.2 永𦔻(壽)用之	 陳医盤 10157 永𦔻(壽)用之	 敶伯元匜 10267 永𦔻(壽)用之	 敶子匜 10279 永𦔻(壽)用之	 敶大喪史仲高 鐘 00353.1 眉𦔻(壽)無疆	 敶大喪史仲高 鐘 00355.2 眉𦔻(壽)無疆

陳

	 叔朕簠 04620 眉鬠(壽)  叔朕簠 04621 眉鬠(壽)				
 有兒簋 mt05166 眉鬠(壽)無期		 宋公𪔛鋪 mt06157 眉鬠(壽)萬年  宋公𪔛鋪 mx0532 眉鬠(壽)萬年	 宋公𪔛鼎g mx0209 眉鬠(壽)萬年  宋公𪔛鼎q mx0209 眉鬠(壽)萬年	 趞亥鼎 02588 永鬠(壽)用之	
		 宋君夫人鼎q eb304 萬年眉鬠(壽)  宋君夫人鼎g eb304 萬年眉鬠(壽)	 樂子簠 04618 眉鬠(壽)萬年 無期		 鄬子臺簠 04545 永鬠(壽)用  鄬子蒷臺鼎g 02498 永鬠(壽)用之
陳	戴		宋		邊

	 曹伯狄毀 04019 萬年眉﨟(壽)		 杞伯每亡鼎 02642 萬年眉耇(壽)  杞伯每亡壺蓋 09687 萬年眉耇(壽)	 魯侯鼎 xs1067 萬年眉耇(壽)  魯侯簠 xs1068 萬年眉耇(壽)	 魯仲齊鼎 02639 萬年眉﨟(壽)  魯仲齊甗 00939 萬年眉耇(壽)
				 魯大司徒厚氏元簠 04689 眉耇(壽)萬年無疆  魯大司徒厚氏元簠 04690.1 眉耇(壽)萬年無疆	 魯大司徒厚氏元簠 04690.2 眉耇(壽)萬年無疆  魯大司徒厚氏元簠 04691.1 眉耇(壽)萬年無疆
 鄝子莫臺鼎q 02498 永耇(壽)用之	 曹公簠 04593 眉耇(壽)無疆  曹公盤 10144 眉耇(壽)無疆	 曹公簠 04593 永耇(壽)用之  曹公盤 10144 永耇(壽)用之			
邊	曹		杞	魯	

 魯司徒仲齊盨 04440.1 萬年眉壽(壽)	 魯司徒仲齊盨 04441.2 萬年眉壽(壽)	 魯伯俞父簠 04566 萬年眉壽(壽)	 魯伯俞父簠 04568 萬年眉壽(壽)	 魯伯愈父簠 ms0561 萬年眉壽(壽)	 魯伯大父作季姬婧簋　03974 萬年眉壽(壽)
 魯司徒仲齊盨 04441.1 萬年眉壽(壽)	 魯司徒仲齊匜 10275 萬年眉壽(壽)	 魯伯俞父簠 04567 萬年眉壽(壽)	 魯大司徒子仲白匜　10277 眉壽(壽)萬年無疆		 魯大宰遽父簋 03987 萬年眉壽(壽)
 魯大司徒厚氏元簠　04691.2 眉壽(壽)萬年無疆	 魯大左嗣徒元鼎　02593 萬年眉壽(壽)	 魯少司寇封孫宅盤　10154 眉壽(壽)萬年			
 魯大左嗣徒元鼎　02592 萬年眉壽(壽)	 魯大司徒元盂 10316 萬年眉壽(壽)				

魯

 魯伯大父作孟姜簋 03988 萬年眉壽(壽)  魯伯大父作仲姬俞簋 03989 萬年眉壽(壽)	 魯伯悆盨 04458.1 萬年眉壽(壽)  魯伯悆盨 04458.2 萬年眉壽(壽)	 魯正叔盤 10124 永壽(壽)用之  禽簋 hx2022.2 眉耇(壽)	 魯酉子安母簠q mt05902 眉壽(壽)萬年  魯酉子安母簠q mt05903 眉壽(壽)萬年	 鼄來隹鬲 00670 眉壽(壽)無疆  邾口白鼎 02640 眉壽(壽)無疆	 邾口白鼎 02641 眉壽(壽)無疆  鼄叔之伯鐘 00087 眉壽(壽)無疆
				 邾公釛鐘 00102 祈年眉壽(壽)  虖㽙丘君盤 wm6.200 萬年眉壽(壽)	
				 鼄大宰簠 04623 眉壽(壽)以𩛥  鼄大宰簠 04624 眉壽(壽)用𩛥	 鼄大宰鐘 00086.2 眉壽(壽)多福  鼄公華鐘 00245 哉(載)公眉壽(壽)
魯				邾	

 邾叔彪父簠g ms0573 萬年眉耆(壽) 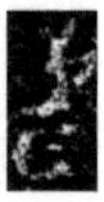 邾叔彪父簠 04592 萬年眉耆(壽)	 邾友父鬲 mt02939 其眉耆(壽)  邾友父鬲 mt02942 其眉耆(壽)	 鼄友父鬲 00717 其眉耆(壽)  邾友父鬲 xs1094 其眉耆(壽)	 邾友父鬲 mt02941 其眉耆(壽)  邾壽父鼎 jk2020.1 邾耆(壽)父	 僉父瓶g mt14036 眉耆(壽)無疆  僉父瓶q mt14036 眉耆(壽)無疆	 邾公子害簠g mt05907 眉耆(壽)無疆  邾公子害簠q mt05907 眉耆(壽)無疆
 邾公孫班鎛 00140 萬年眉耆(壽)	 郳公𩣡父鎛 mt15815 用祈耆(壽)考  郳公𩣡父鎛 mt15816 用祈耆(壽)考	 郳公𩣡父鎛 mt15817 用祈耆(壽)考  郳公𩣡父鎛 mt15818 用祈耆(壽)考	 郳大司馬彊盤 ms1216 故耆(壽)其身 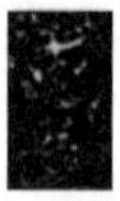 郳大司馬彊盤 ms1216 眉耆(壽)無疆	 郳大司馬彊匜 ms1260 故耆(壽)其身  郳大司馬彊匜 ms1260 眉耆(壽)無疆	 郳大司馬鈚 ms1177 眉耆(壽)無疆
邾	郳				

 邾公子害簠 mt05908 萬年眉耇(壽) 無疆  子皇母簠 mt05853 萬年眉耇(壽)	 邾君慶壺g mt12333 萬年眉耇(壽)  邾君慶壺q mt12333 萬年眉耇(壽)	 邾君慶壺 mt12334 萬年眉耇(壽)  邾君慶壺 mt12335 萬年眉耇(壽)	 邾君慶壺 mt12336 萬年眉耇(壽)  畢仲弁簠 mt05912 萬年眉耇(壽)	 邾君慶壺g ms1056 萬年眉耇(壽)  邾君慶壺q ms1056 萬年眉耇(壽)	 薛侯盤 10133 眉耇(壽)萬年  薛侯匜 10263 眉耇(壽)萬年
					 壽元杖首 xs1127 壽元
郳					薛

 郜伯祀鼎 02602 眉耆(壽)無疆  郜伯鼎 02601 萬年眉耆(壽)	 郜譴簋 04040.1 用賜永耆(壽)  郜譴簋 04040.2 用賜永耆(壽)	 郜譴簋 mt05022 用賜永耆(壽)	 鑄子叔黑臣鼎 02587 萬年眉耆(壽)  鑄子叔黑臣盨 04423 萬年眉耆(壽)	 鑄子叔黑臣盨 mt05608 萬年眉耆(壽)  鑄子叔黑臣簠 04570.1 萬年眉耆(壽)	 鑄子叔黑臣簠 04570.2 萬年眉耆(壽)  鑄子叔黑臣簠 04571.1 萬年眉耆(壽)
 郜公典盤 xs1043 眉耆(壽)難老					
郜			鑄		

 鑄子叔黑臣簠 04571.2 萬年眉耇(壽)  鑄子叔黑臣簋 03944 萬年眉耇(壽)	 鑄子叔黑臣鬲 00735 萬年眉耇(壽)  鑄公簠蓋 04574 萬年眉耇(壽)	 鑄叔作嬴氏鼎 02568 萬年眉耇(壽)  鑄叔作嬴氏簠 04560.1 萬年眉耇(壽)	 鑄叔作嬴氏簠 04560.2 萬年眉耇(壽) 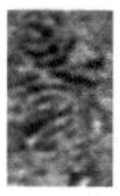 鑄叔盤 mt14456 萬年眉耇(壽)	 弗奴父鼎 02589 眉耇(壽)萬年	 齊縈姬盤 10147 眉耇(壽)萬年無疆  齊良壺 09659 眉耇(壽)無期
					 齊太宰歸父盤 10151 以祈眉耇(壽)  齊侯鎛 00271 用祈耇(壽)老毋死
					 公子土折壺 09709 眉耇(壽)萬年  洹子孟姜壺 09730 用祈眉耇(壽)
鑄				費	齊

 齊侯盂 10318 眉𦽹(壽)萬年  國差𦉜 10361 受福眉𦽹(壽)	 齊侯子仲姜鬲 mx0261 老壽無期  𩁹子鼎 mt02404 𦽹(壽)君毋死	 叔夷鐘 00277.1 用祈眉𦽹(壽)  叔夷鐘 00278 考𦽹(壽)萬年	 叔夷鎛 00285.7 用祈眉𦽹(壽)  叔夷鎛 00285.8 考𦽹(壽)萬年	 齊侯作孟姬盤 10123 萬年眉𦽹(壽)  姬寏母豆 04693 用祈眉𦽹(壽)	 簷叔之仲子平鐘　00173 受此眉𦽹(壽)  簷叔之仲子平鐘　00174 受此眉𦽹(壽)
 齊侯匜 10283 用祈眉𦽹(壽)  齊侯盤 10159 用祈眉𦽹(壽)	 齐侯作孟姜敦 04645 用祈眉𦽹(壽) 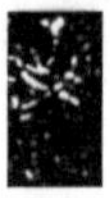 齊侯鼎 mt02363 用祈眉𦽹(壽)	 慶叔匜 10280 眉𦽹(壽)萬年			
齊					莒

		 㠱伯子㝨父盨 04442.1 眉壽(壽)無疆  㠱伯子㝨父盨 04442.2 眉壽(壽)無疆	 㠱伯子㝨父盨 04443.1 眉壽(壽)無疆  㠱伯子㝨父盨 04443.2 眉壽(壽)無疆	 㠱伯子㝨父盨 04444.1 眉壽(壽)無疆  㠱伯子㝨父盨 04444.2 眉壽(壽)無疆	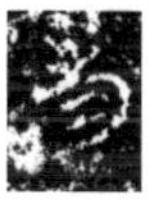 㠱伯子㝨父盨 04445.1 眉壽(壽)無疆  㠱伯子㝨父盨 04445.2 眉壽(壽)無疆
 𥲒叔之仲子平鐘　00175 受此眉壽(壽)  𥲒叔之仲子平鐘　00177 受此眉壽(壽)	 𥲒叔之仲子平鐘　00180 受此眉壽(壽)				
		 㠱公壺 09704 眉壽(壽)萬年			
莒		㠱			

<table>
<tr>
<td>
夆叔盤
10163
眉耇(壽)萬年

夆叔盤
10163
耇(壽)老無期</td>
<td>
夆叔匜
10282
眉耇(壽)萬年

夆叔匜
10282
耇(壽)老無期</td>
<td>
鄱甘辜鼎
xs1091
萬年眉耇(壽)</td>
<td></td>
<td>
鄧公孫無忌鼎
xs1231
永耇(壽)無疆</td>
<td>
樊孫伯渚鼎
mx0197
其眉耇(壽)</td>
</tr>
<tr>
<td></td>
<td></td>
<td>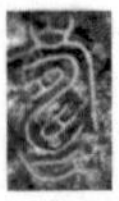
華孟子鼎
mx0207
眉耇(壽)萬年
無疆</td>
<td></td>
<td>
鄧公乘鼎
02573.1
眉耇(壽)無期

鄧公乘鼎
02573.2
眉耇(壽)無期</td>
<td></td>
</tr>
<tr>
<td></td>
<td></td>
<td>
荆公孫敦
04642
老耇(壽)用之

荆公孫敦
mt06070
老耇(壽)用之</td>
<td>
賈孫叔子屖盤
mt14512
耇(壽)老無期</td>
<td></td>
<td></td>
</tr>
<tr>
<td colspan="2">逢</td>
<td colspan="2">D</td>
<td>鄧</td>
<td>樊</td>
</tr>
</table>

<table>
<tr>
<td>
黃子季庚臣簋
ms0589
眉耇(壽)萬年無疆</td>
<td></td>
<td></td>
<td></td>
<td></td>
<td></td>
</tr>
<tr>
<td>
黃太子白克盤
10162
用祈眉耇(壽)

黃太子白克盆
10338
眉耇(壽)無疆</td>
<td>
伯遊父壺
mt12412
眉耇(壽)無疆

伯遊父壺
mt12413
眉耇(壽)無疆</td>
<td>
伯遊父鐳
mt14009
眉耇(壽)萬年無疆

伯遊父盤
mt14510
眉耇(壽)無疆</td>
<td>
伯遊父卮
mt19239b
眉耇(壽)無疆

伯亞臣鐳
09974
用祈眉耇(壽)</td>
<td>
番子鼎
ww2012.4
眉耇(壽)无疆

番君召簋
04582
用祈眉耇(壽)</td>
<td>
番君召簋
04583
用祈眉耇(壽)

番君召簋
04584
用祈眉耇(壽)</td>
</tr>
<tr>
<td></td>
<td></td>
<td></td>
<td></td>
<td>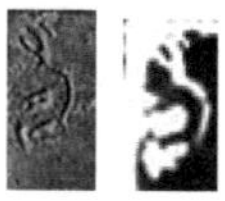
鄱子成周鐘
mt15256
眉耇(壽)無期

鄱子成周鐘
xs288
眉耇(壽)無期</td>
<td></td>
</tr>
<tr>
<td colspan="4">黃</td>
<td colspan="2">番</td>
</tr>
</table>

		 曾伯文簋 04051.1 眉耇(壽)黄耇  曾伯文簋 04051.2 眉耇(壽)黄耇	 曾伯文簋 04052.1 眉耇(壽)黄耇  曾伯文簋 04052.2 眉耇(壽)黄耇	 曾伯文簋 04053 眉耇(壽)黄耇  曾伯文簋 mt05028 眉耇(壽)黄耇	 曾仲大父蛕毁 04203 眉耇(壽)黄耇  曾仲大父蛕毁 04204.1 眉耇(壽)黄耇
 番君召簠 04586 用祈眉耇(壽)  番君召簠 04585 用祈眉耇(壽)	 番君召簠 ms0567 用祈眉耇(壽)	 曾公畎鎛鐘 jk2020.1 眉耇(壽)無疆 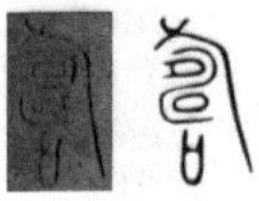 曾公畎甬鐘 A jk2020.1 眉耇(壽)無疆	 曾公畎甬鐘 B jk2020.1 眉耇(壽)無疆	 曾孟嬭諫盆 10332.1 眉耇(壽)用之  曾孟嬭諫盆 10332.2 眉耇(壽)用之	
		 曾侯與鐘 mx1029 以祈眉耇(壽)  曾侯與鐘 mx1032 以祈眉耇(壽)		 曾孫無期鼎 02606 眉耇(壽)無疆  曾□□簠 04614 眉耇(壽)無疆	
番		曾			

 曾仲大父螽𣪘 04204.2 眉耇(壽)黄耇	 曾伯陭壺 09712.5 用賜眉耇(壽)	 曾伯霥簠 04632 眉耇(壽)無疆	 曾伯克父壺g ms1062 眉耇(壽)黄耇	 曾伯克父壺 ms1063 眉耇(壽)黄耇	 伯克父鼎 ms0285 眉耇(壽)黄耇
 曾伯陭壺 09712.2 用賜眉耇(壽)	 曾伯霥簠 04631 眉耇(壽)無疆	 曾伯霥壺 ms1069 用賜匃眉耇(壽)	 曾伯克父壺q ms1062 眉耇(壽)黄耇	 曾伯克父簋 ms0509 眉耇(壽)永命	 曾子壽鼎 mx0147 曾子耇(壽)

曾

 盂爾克母簋g ms0583 萬年眉𦓃(壽)  盂爾克母簋q ms0583 萬年眉𦓃(壽)	 曾者子鼎 02563 永𦓃(壽)  夨叔匜 ms1257 永𦓃(壽)	 鼄乎簠 04157.1 用匃眉𦓃(壽)  鼄乎簠 04157.2 用匃眉𦓃(壽)	 鼄乎簠 04158.1 用匃眉𦓃(壽)  鼄乎簠 04158.2 用匃眉𦓃(壽)	 蔡大善夫趣簠g xs1236 眉𦓃(壽)無疆  蔡大善夫趣簠q xs1236 眉𦓃(壽)無疆	 蔡公子叔湯壺 xs1892 眉𦓃(壽)無疆
				 鄬中姬丹盤 xs471 用祈眉𦓃(壽)  鄬中姬丹匜 xs472 用祈眉𦓃(壽)	 蔡大司馬燮盤 eb936 眉𦓃(壽)無期  蔡大司馬燮匜 mx0997 眉𦓃(壽)無期
				 蔡侯𩵦尊 06010 不諱考𦓃(壽)  蔡侯𩵦盤 10171 不諱考𦓃(壽)	 蔡大師鼎 02738 用祈眉𦓃(壽)  蔡叔季之孫䝿匜　10284 用祈眉𦓃(壽)
曾				蔡	

			 鼄公彭宇簠 04610 眉耆(壽)萬年無疆  鼄公彭宇簠 04611 眉耆(壽)萬年無疆	 矩甗 xs970 眉耆(壽)無疆	
 蔡侯簠 xs1897 眉耆(壽)無疆  蔡侯簠g xs1896 眉耆(壽)無疆	 蔡侯簠q xs1896 眉耆(壽)無疆  雌盤 ms1210 眉耆(壽)無期	 蔡侯簠 ms0582 眉耆(壽)無疆	 申公壽簠 mx0498 申公(壽)  申公壽簠 mx0498 眉耆(壽)無期	 壽盤 mx0982 耆(壽)之盥盤  壽匜 mx0982 耆(壽)之會匜	 彭子壽簠 mx0497 彭子耆(壽)  彭子壽簠 mx0497 眉耆(壽)無期
蔡			CE		

				 上鄀公敄人簋蓋　04183 用賜眉耈(壽)  鄀公敄人鐘 00059 用祈眉耈(壽)	 鄀公平侯鼎 02771 用賜眉耈(壽)  鄀公平侯鼎 02772 用賜眉耈(壽)
				 蔡兒罍 xs1187 眉耈(壽)無期	 上鄀府簠 04613.1 眉耈(壽)無期  上鄀府簠 04613.2 眉耈(壽)無期
 叔姜簠g xs1212 眉耈(壽)無期  叔姜簠q xs1212 眉耈(壽)無期	 彭公孫無所鼎 eb299 眉耈(壽)無期  無所簠 eb474 眉耈(壽)萬年無期	 彭子射盂鼎 mt02264 眉耈(壽)無期  彭子射兒簠 mt05884 眉耈(壽)無期	 彭啓簠丙g ww2020.10 眉耈(壽)無疆  彭啓簠丙q ww2020.10 眉耈(壽)無疆		
CE					

 蝫公諴簠 04600 眉耇(壽)萬年  鄀公諴鼎 02753 用乞眉耇(壽)		 伯戔盤 10160 用祈眉耇(壽)  伯戔盆g 10341 眉耇(壽)萬年 無疆		 彭子仲盆蓋 10340 眉耇(壽)無疆	 毉子奠伯鬲 00742 眉䎺(壽)萬年 無疆
 上鄀公簠g xs401 眉耇(壽)萬年 無期  上鄀公簠q xs401 眉耇(壽)萬年 無期		 叔師父壺 09706 眉耇(壽)萬年 無疆  羹君季黲鑑 mx0535 眉耇(壽)無疆	 侯孫老簠 g ms0586 眉壽  𦵯子𩞄盞g xs1235 眉耇(壽)萬年 無疆	 子諆盆 10335.1 永耇(壽)用之  子諆盆 10335.2 永耇(壽)用之	 諆余鼎 mx0219 眉耇(壽)無疆
	 丁兒鼎蓋 xs1712 眉耇(壽)無期			 侯古堆鎛 xs276 □□參耇(壽)  侯古堆鎛 xs278 □□參耇(壽)	 侯古堆鎛 xs279 □□參耇(壽)  義子鼎 eb308 眉耇(壽)無期
CE					

 考叔㫯父簠 04608.1 眉壽(壽)萬年無疆  考叔㫯父簠 04608.2 眉壽(壽)萬年無疆	 考叔㫯父簠 04609.2 眉壽(壽)萬年無疆  塞公孫㫯父匜 10276 眉壽(壽)無疆	 楚王鐘 00072 眉壽(壽)無疆			
 王子申盞 04643 眉壽(壽)無期  東姬匜 xs398 眉壽(壽)萬年無期	 楚屈子赤目簠 04612 眉壽(壽)無疆  楚屈子赤目簠 xs1230 眉壽(壽)無疆	 何次簠g xs403 眉壽(壽)萬年無疆  何次簠q xs403 眉壽(壽)萬年無疆	 何次簠g xs404 眉壽(壽)萬年無疆  何次簠q xs404 眉壽(壽)萬年無疆	 何次簠 xs402 眉壽(壽)萬年無疆  敬事天王鐘 00073 眉壽(壽)無疆	 敬事天王鐘 00075 眉壽(壽)無疆  敬事天王鐘 00076 眉壽(壽)無疆
 子季嬴青簠 04594.1 眉壽(壽)無期  子季嬴青簠 04594.2 眉壽(壽)無期	 褱鼎 02551.1 眉壽(壽)無期  褱鼎 02551.2 眉壽(壽)無期	 𪒠鐘 xs482a 眉壽(壽)…  𪒠鐘 xs483b 眉壽(壽)無疆	 𪒠鐘 xs488b 眉壽(壽)無疆  𪒠鎛 xs489a 眉壽(壽)無疆	 𪒠鎛 xs490a 眉壽(壽)無疆  𪒠鎛 xs491b 眉壽(壽)無疆	 𪒠鎛 xs493a 眉壽(壽)無疆  𪒠鎛 xs495a 眉壽(壽)無疆

楚

 敬事天王鐘 00078.2 眉耈(壽)無疆  敬事天王鐘 00080.1 眉耈(壽)無疆	 王孫遺者鐘 00261.1 用祈眉耈(壽)  楚叔之孫倗鼎q xs473 眉耈(壽)無期	 楚王鼎g mt02318 眉耈(壽)無期  楚王鼎q mt02318 眉耈(壽)無期	 楚王鼎 mx0210 眉耈(壽)無期  楚王鼎 mx0188 眉耈(壽)無疆	 楚王媵嬭加缶 kg2020.7 眉耈(壽)無疆	 王子吴鼎 02717 眉耈(壽)無期  王子吴鼎 mt02343b 眉耈(壽)無期
 欒書缶 10008.2 以祈眉耈(壽)  倗夫人嬺鼎 mt02425 永耈(壽)無疆	 復公仲壺 09681 萬耈(壽)用之  復公仲簋蓋 04128 萬年永耈(壽)				

楚

 王子午鼎 02811.2 用祈眉𦒻(壽)	 王子午鼎 xs445 用祈眉𦒻(壽)	 王子午鼎q xs447 用祈眉𦒻(壽)	 季子康鎛 mt15788b 眉𦒻(壽)無疆	 季子康鎛 mt15790b 眉𦒻(壽)無疆	 次□缶 xs1249 眉𦒻(壽)無期
 王子午鼎q xs444 用祈眉𦒻(壽)	 王子午鼎 xs446 用祈眉𦒻(壽)	 王子午鼎 xs449 用祈眉𦒻(壽)	 季子康鎛 mt15789b 眉𦒻(壽)無疆		 宜桐盂 10320 永𦒻(壽)用之
楚			鍾離		徐

<table>
<tr><td></td><td></td><td></td><td></td><td></td><td></td></tr>
<tr>
<td>
庚兒鼎
02715
眉𦒷(壽)無疆

庚兒鼎
02716
眉𦒷(壽)無疆</td>
<td></td>
<td></td>
<td></td>
<td>
者濫鐘
00193
[若蠶]公𦒷(壽)

者濫鐘
00193
若叁𦒷(壽)</td>
<td>
者濫鐘
00194
眉𦒷(壽)[緐鏧]

者濫鐘
00195
眉𦒷(壽)[緐]鍪</td>
</tr>
<tr>
<td>
沇兒鎛
00203.2
眉𦒷(壽)無期

徐王子旃鐘
00182.2
眉𦒷(壽)無期</td>
<td>
郐諧尹征城
00425.2
眉𦒷(壽)無疆

三兒簋
04245
萬年□𦒷(壽)</td>
<td>
郐黻尹朁鼎
02766.1
眉𦒷(壽)無期

郐黻尹朁鼎
02766.2
眉𦒷(壽)無期</td>
<td>
郐黻尹朁鼎
02766.1
𦒷(壽)躳敦子

郐黻尹朁鼎
02766.2
𦒷(壽)躳敦子</td>
<td>
吳王光鑑
10298
眉𦒷(壽)無疆

吳王光鑑
10299
眉𦒷(壽)無疆</td>
<td></td>
</tr>
<tr><td colspan="4">徐</td><td colspan="2">吳</td></tr>
</table>

 者𨖹鐘 00195 若𥁰公𦒻(壽)	 者𨖹鐘 00196 [若𥁰]公𦒻(壽)	 者𨖹鐘 00196 眉𦒻(壽)[緐] 鳌	 者𨖹鐘 00197.1 用祈[眉]𦒻(壽)	 者𨖹鐘 00198.1 眉𦒻(壽)繁鳌	 者𨖹鐘 00198.2 若𥁰公𦒻(壽)
 者𨖹鐘 00195 [若]叄𦒻(壽)	 者𨖹鐘 00196 若叄𦒻(壽)	 者𨖹鐘 00197.1 若[𥁰公]𦒻(壽)	 者𨖹鐘 00197.2 若叄𦒻(壽)	 者𨖹鐘 00198.2 若叄𦒻(壽)	

吴

		 王孫壽甗 00946 王孫𦓃(壽)  王孫壽甗 00946 眉𦓃(壽)無疆	 卓林父簋蓋 04018 祈眉𦓃(壽)  伯其父簠 04581 眉𦓃(壽)萬年	 皇與匜 eb954 眉𦓃(壽)萬年  悪公戈 11280 𦔂(壽)之用效	 冶仲考父壺 09708 用祈眉𦓃(壽)  叔夜鼎 02646 眉𦓃(壽)無疆
		 鎬鼎 02478 眉壽□□  樂大司徒瓶 09981 其眉𦓃(壽)	 永寶用享盤 10058 □壽…  般仲柔盤 10143 萬年眉𦓃(壽) 無疆	 侃孫奎母盤 10153 用祈眉𦓃(壽)  大孟姜匜 10274 用祈眉𦓃(壽)	 无疆匜 10264 □𦓃(壽)無疆  益余敦 xs1627 眉𦓃(壽)無疆
 其次句鑃 00421 用祈萬𦓃(壽)  其次句鑃 00422A 用祈萬𦓃(壽)	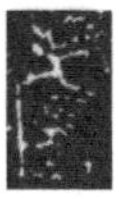 其次句鑃 00422B 用祈萬𦓃(壽)  者尚余卑盤 10165 用祈眉𦓃(壽)	 嘉子昜伯臚簠 04605.1 永𦓃(壽)用之  嘉子昜伯臚簠 04605.2 永𦓃(壽)用之	 乙鼎 02607 眉𦓃(壽)無期  揚鼎 mt02319 眉𦓃(壽)無疆	 與子具鼎 xs1399 眉𦓃(壽)無疆  壬午吉日戈 xs1979 □𦓃(壽)女□ 盧	 伯怡父鼎 eb312 眉𦓃(壽)萬年 無疆  伯怡父鼎 eb313 眉𦓃(壽)萬年 無疆
越					

考

 叔液鼎 02669 眉耈(壽)萬年無疆  叔液鼎 02669 永耈(壽)用之		 虢季鐘 xs2 皇考  虢季鐘 xs3 皇考	 戎生鐘 xs1614 皇考  戎生鐘 xs1618 皇考		 毛叔虎父簋g mx0424 文考  毛叔虎父簋q mx0424 文考
 王孫叔諲甗 mt03362 眉耈(壽)無疆				 叔左鼎 mt02334 唯己考仲之子	
 痟父匜 mt14986 眉耈(壽)無疆  永祿鈹 mt17926 永成耈(壽)福	 要君盂 10319 眉耈(壽)無疆		 晉公盆 10342 烈考		
		虢	晉	BC	毛

 毛叔虎父簋g hx2021.5 文考  毛叔虎父簋q hx2021.5 文考	 毛虎壺q hx2021.5 皇考  毛虎壺g hx2021.5 皇考				 杞伯每亡壺 09688 萬年眉考(老)
		 與兵壺q eb878 文考  與兵壺q eb878 皇考	 與兵壺g eb878 皇考  與兵壺 ms1068 文考	 與兵壺 ms1068 皇考	
毛		鄭			杞

 魯仲齊鼎 02639 皇考 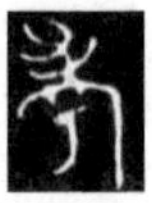 魯司徒仲齊盨 04440.1 皇考	 魯司徒仲齊盨 04440.2 皇考  魯司徒仲齊盨 04441.1 皇考	 魯司徒仲齊盨 04441.2 皇考  魯司徒仲齊匜 10275 皇考	 鼄叔之伯鐘 00087 皇考		
			 鼄公華鐘 00245 皇考	 郳公韍父鎛 mt15815 皇考  郳公韍父鎛 mt15815 壽考	 郳公韍父鎛 mt15816 皇考  郳公韍父鎛 mt15816 壽考
魯			邾	郳	

		 餘侯麻盨 04428 文考  滕侯蘇盨 mt05620 文考			
			 齊侯鎛 00271 用享用考(孝)  齊䥜氏鐘 00142.2 文考	 叔夷鐘 00277.1 皇考  叔夷鐘 00278 考壽萬年	 叔夷鎛 00285.7 皇考  叔夷鎛 00285.8 考壽萬年
 郳公鞁父鎛 mt15817 皇考  郳公鞁父鎛 mt15817 壽考	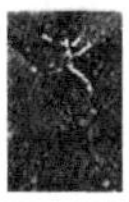 郳公鞁父鎛 mt15818 皇考  郳公鞁父鎛 mt15818 壽考	 司馬楙鎛 eb48 文考  司馬楙鎛 eb50 文考			
郳		滕	齊		

				 上曾太子鼎 02750 用考(孝)用享	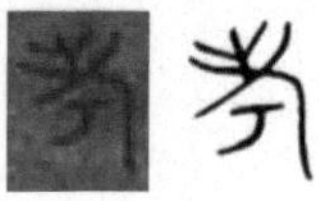 鄧公孫無忌鼎 xs1231 追考(孝)朕皇高祖
 簷叔之仲子平鐘　00172 仲平善發叡考  簷叔之仲子平鐘　00174 仲平善發叡考	 簷叔之仲子平鐘　00175 仲平善發叡考  簷叔之仲子平鐘　00176 仲平善發叡考	 簷叔之仲子平鐘　00177 仲平善發叡考  簷叔之仲子平鐘　00179 仲平善發叡考	 簷叔之仲子平鐘　00180 仲平善發叡考		
莒				D	鄧

 曾仲大父蝨段 04203 皇考  曾仲大父蝨段 04204.1 皇考	 曾仲大父蝨段 04204.2 皇考  曾子斿鼎 02757 用考(孝)用享	 曾太保嬬簋 mx0425 文考  曾伯霥簠 04631 文考	 曾伯霥簠 04632 文考  曾伯霥壺 ms1069 文考	 伯克父鼎 ms0285 皇考  曾伯克父簋 ms0509 文考	 鼄乎簋 04158.1 文考  鼄乎簋 04158.2 文考
 曾侯與鐘 mx1029 用考(孝)以享于悍皇祖  曾侯與鐘 mx1034 難考(老)黄耇	 曾侯與鐘 mx1037 難考(老)黄耇  曾公叔考臣甗 ms0357 曾公孫叔考臣	 巫鼎 ms0212 其舅叔考臣  巫簠 ms0557 其舅叔考臣			

曾

 鼄乎簋 04157.2 文考		 邿公孜人鐘 00059 皇考  邿公平侯鼎 02771 皇考	 蜡公諴簠 04600 皇考  上邿公孜人簋蓋　04183 用享考(孝)于厥皇祖	 邿公平侯鼎 02772 皇考  邿公諴鼎 02753 皇祖考	
	 蔡侯𬭚尊 06010 不諱考壽  蔡侯𬭚盤 10171 不諱考壽				 喬君鉦鋮 00423 用享用考(孝)
曾	蔡	CE			

 考叔㝜父簠 04608.1 考叔㝜父	 考叔㝜父簠 04609.1 考叔㝜父  考叔㝜父簠 04609.2 考叔㝜父				
 王孫遺者鐘 00261.1 文考	 王子午鼎 02811.2 文考  王子午鼎q xs444 文考	 王子午鼎 xs445 文考  王子午鼎 xs446 文考	 王子午鼎 xs448 …孝…考  王子午鼎 xs449 文考		 者㶚鐘 00195 皇考  者㶚鐘 00196 皇考
				 余贎逐兒鐘 00184.2 追考(孝)先祖	
楚				徐	吴

孝

			 叔皮父簋 04127 用享考(孝)于叔皮父  叔家父簠 04615 用祈眉考(老)無疆	 考征君季鼎 02519 考征君季	
 者減鐘 00197.1 皇考   者減鐘 00198.1 皇考			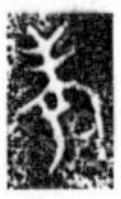 大孟姜匜 10274 用享用考(孝)		 盄和鐘 00270.2 卲零(昭格)孝享
	 其次句鑃 00421 以享以考(孝)  其次句鑃 00422A 以享以考(孝)	 其次句鑃 00422B 以享以考(孝)			
吴	越				秦

 虢季鐘 xs3 用享追孝于其皇考  虢季鐘 xs2 用享追孝于其皇考	 虢季鐘 xs5 用享追孝于其皇考  虢季鐘 xs6 用享追孝于其皇考	 戎生鐘 xs1617 余用卲追孝于皇祖皇考			
		 子犯鐘 xs1014 用享用孝  子犯鐘 xs1018 用享用孝			
		 郘黛鐘 00226 我以享孝  郘黛鐘 00228 我以享孝	 郘黛鐘 00231 我以享孝  郘黛鐘 00232 我以享孝	 郘黛鐘 00233 我以享孝  郘黛鐘 00235 我以享孝	 郘黛鐘 00237 我以享孝
虢		晋			

 畢鬲 kw2021.3 用享用孝	 召叔山父簠 04601 用享用孝  召叔山父簠 04602 用享用孝	 許成孝鼎 mx0190 許成孝擇其吉金		 杞伯雙聯鬲 mx0262 用享孝于其姑公	 魯伯悆盨 04458.1 皇孝(考)皇母  魯伯悆盨 04458.1 夙興用追孝
		 許公簠g mx0510 用享用孝	 許公簠g mx0511 用享用孝  許公簠q mx0511 用享用孝		
	 與兵壺q eb878 用享用孝  與兵壺 ms1068 用享用孝				
燕	鄭	許		杞	魯

 魯伯悆盨 04458.2 皇孝(考)皇母  魯伯悆盨 04458.2 夙興用追孝	 邿譴簋 04040.1 用追孝于其父母  邿譴簋 04040.2 用追孝于其父母	 邿譴簋 mt05022 用追孝于其父母			
			 齊鞷氏鐘 00142.2 用享以孝  姬寏母豆 04693 孝公静公		 番君召簠 04582 用享用饔(孝)  番君召簠 04583 用享用饔(孝)
				 鄶平壺 xs1088 鄶人叔之孝子	
魯	邿		齊	莒	番

		 曾仲大父蝨段 04203 用追孝于其皇考  曾仲大父蝨段 04204.1 用追孝于其皇考	 曾仲大父蝨段 04204.2 用追孝于其皇考  曾伯克父簋 ms0509 用追孝于我皇祖	 曾伯陭壺 09712.2 用孝用享 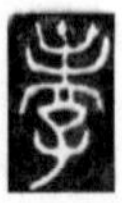 曾伯陭壺 09712.5 用孝用享	 曾伯霥簠 04631 用耆(孝)用享  曾伯霥簠 04632 用耆(孝)用享
 番君召簠 04584 用享用饕(孝)  番君召簠 04585 用享用饕(孝)	 番君召簠 04586 用享用饕(孝)  番君召簠 ms0567 用享用饕(孝)	 嬭加鎛丙 ms1284 用孝用享			
番		曾			

 曾伯霥壺 ms1069 用耈(孝)用享  曾師季䡅盤 10138 用孝用享	 鼄乎簋 04157.1 用享孝皇祖  鼄乎簋 04157.2 用享孝皇祖	 鼄乎簋 04158.1 用享孝皇祖  鼄乎簋 04158.2 用享孝皇祖	 蛕公諴簠 04600 用追孝于皇祖	 鄀公平侯鼎 02771 用追孝于厥皇祖  鄀公平侯鼎 02772 用追孝于厥皇祖	
					 王孫遺者鐘 00261.1 用享以孝于我皇祖
					 競孫旟也鬲 mt03036 追孝屎(纘)嘗
曾			CE		楚

					 卓林父簋蓋 04018 用享用孝
 王子午鼎 02811.2 用享以孝于我皇祖  王子午鼎q xs444 用享以孝于我皇祖	 王子午鼎 xs445 用享以孝于我皇祖  王子午鼎 xs446 用享以孝于我皇祖	 王子午鼎q xs447 用享以孝于我皇祖  王子午鼎 xs448 …孝…考			
			 吴王光鑑 10298 用享用孝  吴王光鑑 10299 用享用孝	 𪾔巢鎛 xs1277 以享以孝	 師麻孝叔鼎 02552 師麻孝叔
楚			吴		

者			⿱耂⿰日禾	毛	
			 戎生鐘 xs1619 黄耇又⿱耂⿰日禾	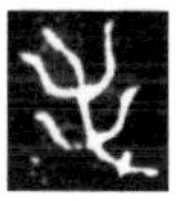 毛叔盤 10145 毛叔	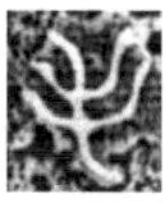 毛叔虎父簋g mx0424 毛叔虎父  毛叔虎父簋q mx0424 毛叔虎父
 郳公鞁父鎛 mt15815 永者是保  郳公鞁父鎛 mt15816 永者是保	 郳公鞁父鎛 mt15817 永者是保  郳公鞁父鎛 mt15818 永者是保	 滕侯耆戈 11077 滕侯者  滕侯耆戈 11078 滕侯者			
郳			晉	毛	

尸

 毛叔虎父簋g hx2021.5 毛叔虎父 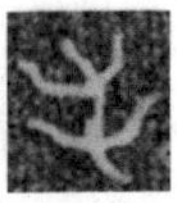 毛叔虎父簋q hx2021.5 毛叔虎父	 毛百父匜 mx0988 毛百父 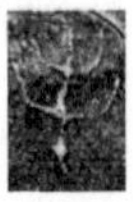 毛百父鼎 hx2021. 5 毛百父	 毛虎壺q hx2021.5 毛虎乍(作)… 尊壺  毛虎壺g hx2021.5 毛虎乍(作)… 尊壺			
			 叔夷鐘 00272.1 公曰汝尸(夷) …  叔夷鐘 00272.2 尸(夷)不敢弗 憼戒	 叔夷鐘 00273.1 公曰尸(夷)…  叔夷鐘 00273.2 尸(夷)敢用拜 稽首	 叔夷鐘 00274.1 汝尸(夷)毋曰 …  叔夷鐘 00274.1 公曰尸(夷)…
毛			齊		

 叔夷鐘 00275.1 尸(夷)用或敢再拜稽首	 叔夷鐘 00276.2 雩生叔尸(夷)	 叔夷鐘 00277.1 尸(夷)用作鑄其寶鐘	 叔夷鎛 00285.1 公曰汝尸(夷)…	 叔夷鎛 00285.2 公曰尸(夷)…	 叔夷鎛 00285.4 汝尸(夷)毋曰…
 叔夷鐘 00275.2 尸(夷)典其先舊	 叔夷鐘 00276.2 賜尸(夷)吉金鈇鎬	 叔夷鐘 00279 尸(夷)不敢…	 叔夷鎛 00285.2 尸(夷)不敢弗憼戒	 叔夷鎛 00285.3 公曰尸(夷)…	 叔夷鎛 00285.5 尸(夷)典其先舊

齊

庳

	 曾伯霥簠 04631 淮尸(夷)  曾伯霥簠 04632 淮尸(夷)	 曾伯霥壺 ms1069 淮尸(夷)			
 叔夷鎛 00285.5 尸(夷)用或敢再拜稽首  叔夷鎛 00285.6 雩生叔尸(夷)	 曾公畎鎛鐘 jk2020.1 淮尸(夷)  曾公畎甬鐘 A jk2020.1 淮尸(夷)	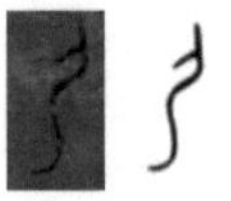 曾公畎甬鐘 A jk2020.1 [淮]尸(夷)  曾公畎甬鐘 B jk2020.1 淮尸(夷)	 文公之母弟鐘 xs1479 氏尸(夷)僕	 叔左鼎 mt02334 □□庳庳	
	 曾孫史夷簠 04591 曾孫史尸(夷)	 曾侯與鐘 mx1029 淮尸(夷)  曾侯與鐘 mx1030 淮尸(夷)			 賈孫叔子庳盤 mt14512 賈孫叔子庳
齊	曾			BC	D

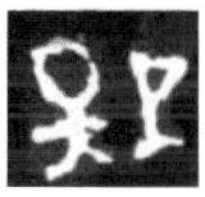 曾子斿鼎 02757 温屖(遲)下保  曾伯霥壺 ms1069 孔武元屖(遲)	 郗公平侯鼎 02771 皇考屖盄(盂)公  郗公平侯鼎 02772 皇考屖盄(盂)公	 [illegible]人屖石盤 ms1200 [illegible]人屖石	 楚太師登鐘 mt15511a 倞倞叚屖(遲)  楚太師登鐘 mt15512a 倞倞叚屖(遲)	 楚太師登鐘 mt15514b 倞倞叚屖(遲)  楚太師登鐘 mt15518b 倞倞叚屖(遲)	 楚太師鄧子鎛 mx1045 倞倞叚屖(遲)
 孎加鎛乙 ms1283 余臧顋下屖			 王孫遺者鐘 00261.2 温恭誅屖(遲)	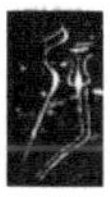 王子午鼎 02811.2 温恭誅屖(遲)  王子午鼎q xs444 温恭誅屖(遲)	 王子午鼎 xs446 温恭誅屖(遲)  王子午鼎q xs447 温恭誅屖(遲)
曾	CE		楚		

<table>
<tr><th>屋</th><th>屎</th><th>⿸尸㐱</th><th colspan="3">屈</th></tr>
<tr><td></td><td></td><td>
鄧公孫無忌鼎
xs1231
鄧公孫無嬰屎(選)吉金</td><td></td><td></td><td></td></tr>
<tr><td></td><td></td><td></td><td>
曾子屎簠
04528.1
曾子屎(⿸尸㐱)

曾子屎簠
04529.2
曾子屎(⿸尸㐱)</td><td>
塞公屈顙戈
mt16696
塞公⿸尸蚩(屈)顙</td><td>
楚屈叔佗戈
11198
楚⿸尸蚩(屈)叔佗</td></tr>
<tr><td>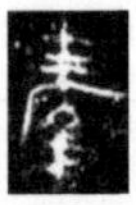
喬君鉦鋮
00423
寶鑴屋(鐸)</td><td>
競孫旟也鬲
mt03036
追孝屎(纘)祟</td><td></td><td></td><td></td><td>
楚屈喜戈
eb1126
楚⿸尸蚩(屈)喜

𨟻篙鐘
00038.1
荆篙⿸尸蚩(屈)柰</td></tr>
<tr><td>CE</td><td>楚</td><td>鄧</td><td>曾</td><td colspan="2">楚</td></tr>
</table>

屭　舟　俞

				 魯伯厚父盤 10086 仲姬俞  魯伯厚父盤 mt14413 仲姬俞	 魯伯俞父簠 04566 魯伯俞父  魯伯俞父簠 04567 魯伯俞父
 楚屈叔佗戈 11393.2 楚屭(屈)叔佗  楚屈叔佗戈 11393.2 屭(屈)口之孫	 楚屈子赤目簠 04612 楚屭(屈)子赤目  楚屈子赤目簠 xs1230 楚屭(屈)子赤目	 魯伯悆盨 04458.1 悆夙屭(興)用追孝  魯伯悆盨 04458.2 悆夙屭(興)用追孝	 庚壺 09733.1B 庚率百乘舟  庚壺 09733.2B 旬𠘧舟𣫒遥(陶)丘		
楚		魯	齊	魯	

 魯伯俞父簠 04568 魯伯俞父  魯伯愈父盤 10114 魯伯俞父	 魯伯愈父簠 ms0561 魯伯俞父	 魯伯大父作仲姬俞簋　03989 仲姬俞  魯酉子安母簠g mt05903 正叔之士𩿨俞			
			 齊侯鎛 00271 勿或俞(渝)改		
				 黄韋俞父盤 10146 黄韋俞父	 喬君鉦鍼 00423 無者俞
魯			齊	黄	CE

船	朕				
	 秦公鐘 00262 虔敬朕祀  秦公鐘 00262 康奠協朕國	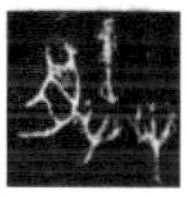 秦公鐘 00265 虔敬朕祀  秦公鐘 00265 康奠協朕國	 秦公鎛 00267.1 虔敬朕祀  秦公鎛 00267.2 康奠協朕國	 秦公鎛 00268.1 虔敬朕祀  秦公鎛 00268.2 康奠協朕國	 秦公鎛 00269.1 虔敬朕祀  秦公鎛 00269.2 康奠協朕國
	 秦公簋 04315.1 丕顯朕皇祖  秦公簋 04315.2 虔敬朕祀	 盄和鐘 00270.1 丕顯朕皇祖  盄和鐘 00270.1 虔敬朕祀			
 冉鉦鋮 00428 以□□船其航					
吴	秦				

 城父匜 mt14927 朕(媵)匜	 晋姜鼎 02826 朕先姑	 毛叔盤 10145 朕(媵)彪氏孟姬寶盤	 毛叔虎父簋g mx0424 朕皇祖文考  毛叔虎父簋q mx0424 朕皇祖文考	 毛叔虎父簋g hx2021.5 朕皇祖文考 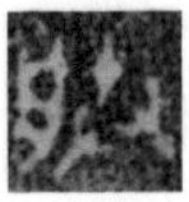 毛叔虎父簋q hx2021.5 朕皇祖文考	 毛虎壺q hx2021.5 朕皇考聖叔 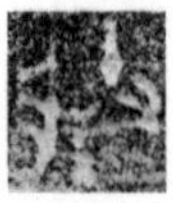 毛虎壺g hx2021.5 朕皇考聖叔
	 晋公盤 mx0952 以乂朕身				
	 少虡劍 11696.2 朕余名之  少虡劍 11697 朕余名之				
虢	晋	毛			

	 蘇公匜 xs1465 朕(媵)匜	 鄦奓魯生鼎 02605 朕(媵)鼎		 杞伯雙聯鬲 mx0262 朕(媵)鬲	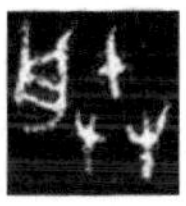 魯侯鼎 xs1067 朕(媵)鼎  魯侯簠 xs1068 朕(媵)𥃝
 鄭大内史叔上匜　10281 朕(媵)匜					
			 宋右師延敦 CEB33001 朕宋右師延  宋右師延敦 CEB33001 于朕身永永有慶		
鄭	蘇	許	宋	杞	魯

 魯伯者父盤 10087 朕(媵)盤	 魯伯愈父鬲 00691 朕(媵)羞鬲	 魯伯愈父鬲 00693 朕(媵)羞鬲	 魯伯愈父鬲 00695 朕(媵)羞鬲	 魯伯愈父盤 10114 朕(媵)沬盤	 魯伯愈父匜 10244 朕(媵)沬匜
 魯伯愈父鬲 00690 朕(媵)羞鬲	 魯伯愈父鬲 00692 朕(媵)羞鬲	 魯伯愈父鬲 00694 朕(媵)羞鬲	 魯伯愈父盤 10113 朕(媵)沬盤	 魯伯愈父盤 10115 朕(媵)沬盤	 魯伯愈父盤 10114 朕(媵)沬盤
魯					

 魯伯愈父盤 10115 朕(媵)沬盤		 邾友父鬲 mt02939 朕(媵)其子胙嫊寶鬲  邾友父鬲 mt02942 朕(媵)其子胙嫊寶鬲	 鼄友父鬲 00717 朕(媵)其子胙嫊寶鬲  邾友父鬲 xs1094 朕(媵)其子胙嫊寶鬲	 邾友父鬲 mt02941 朕(媵)其子胙嫊寶鬲  鼄□匜 10236 朕(媵)其子胙嫊寶鬲	
	 虖訇丘君盤 wm6.200 朕(媵)盤				
		 郳公鞁父鎛 mt15815 保朕邦家  郳公鞁父鎛 mt15815 正和朕身	 郳公鞁父鎛 mt15815 作正朕寶  郳公鞁父鎛 mt15815 朕皇祖龏公	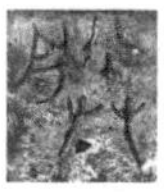 郳公鞁父鎛 mt15816 保朕邦家  郳公鞁父鎛 mt15816 正和朕身	 郳公鞁父鎛 mt15816 作正朕寶  郳公鞁父鎛 mt15816 朕皇祖龏公
魯	邾	郳			

					 鑄公簠蓋 04574 朕(媵)簠  鑄侯求鐘 00047 朕(媵)鐘
 郳公鞁父鎛 mt15817 保朕邦家  郳公鞁父鎛 mt15817 正和朕身	 郳公鞁父鎛 mt15817 作正朕寶  郳公鞁父鎛 mt15817 朕皇祖龔公	 郳公鞁父鎛 mt15818 保朕邦家  郳公鞁父鎛 mt15818 正和朕身	 郳公鞁父鎛 mt15818 作正朕寶  郳公鞁父鎛 mt15818 朕皇祖龔公	  司馬楙鎛 eb47 古朕皇祖悼公   司馬楙鎛 eb48 朕文考懿叔	
郳				滕	鑄

 鑄叔盤 mt14456 朕(媵)盤  鑄公簠 sh379 朕(媵)𠤳	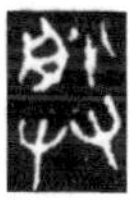 薛侯盤 10133 朕(媵)盤  薛侯匜 10263 朕(媵)匜				
		 齊侯盂 10318 作朕(媵)子仲姜寶盂  齊侯作孟姜敦 04645 作朕(媵)寡圖孟姜膳敦	 𩑦子鼎 t02382A 鮑子作朕(媵)仲匋姒  叔夷鐘 00272.2 命汝政于朕三軍	 叔夷鐘 00272.2 肅成朕師旟之政德  叔夷鐘 00272.2 諫罰朕庶民	 叔夷鐘 00273.1 汝巩勞朕行師  叔夷鐘 00273.2 對揚朕辟皇君之賜休命
鑄	薛	齊			

				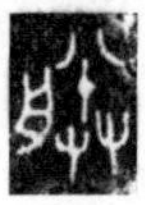 曩伯寚父盤 10081 朕（媵）姜無沬盤  曩伯寚父匜 10211 朕（媵）姜無沬匜	
 叔夷鐘 00275.1 汝以卹余朕身  叔夷鐘 00279 諫罰朕庶民	 叔夷鎛 00285.3 對揚朕辟皇君之賜休命  叔夷鎛 00285.5 汝以卹余朕身	 叔夷鎛 00285.1 余命汝政于朕三軍  叔夷鎛 00285.2 肅成朕師旟之政德	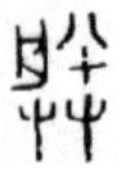 叔夷鎛 00285.2 諫罰朕庶民  叔夷鎛 00285.2 汝巩勞朕行師		
 慶叔匜 10280 作朕（媵）子孟姜盥匜					 拍敦 04644 作朕配平姬墉宮祀彝
齊				曩	D

 鄧公簋 03775 朕(媵)簋  鄧公簋 03776 朕(媵)簋	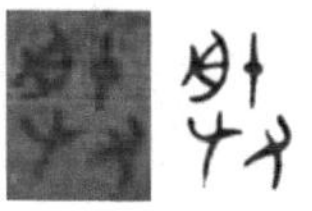 鄧公孫無忌鼎 xs1231 追孝朕皇高祖			 妦仲簠 04534 朕(媵)𥂴  伯駟父盤 10103 朕(媵)盤	 虢季盤 xs40 寶般(盤)  虢宮父盤 xs51 虢宮父作般(盤)
			 楚屈子赤目簠 04612 朕(媵)仲嬭璜 飤𥂴  楚屈子赤目簠 xs1230 朕(媵)仲嬭璜 飤𥂴	 文公之母弟鐘 xs1479 朕猷遠䎽(邇)	
		 喬君鉦鋮 00423 喬君淲虘與朕 以𥙊作無者俞 寶鑴鐲			
鄧		CE	楚		虢

 虢仲鋪 mx0527 旅般(盤)  賸金氏孫盤 10098 寶般(盤)	 晉姞盤 mt14461 旅般(盤)匜 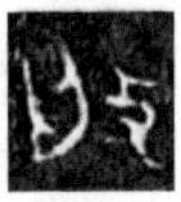 晉姞匜 mt14954 旅般(盤)匜	 叔休盤 mt14482 寶般(盤)	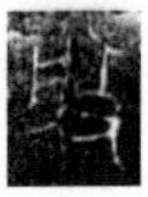 仲考父盤 jk2020.4 般(盤)匜	 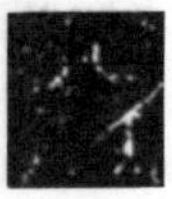 燕仲盤 kw2021.3 作般(盤)	 穌冶妊盤 10118 作虢改魚母般(盤)
	 晉公盤 mx0952 宗彝般(盤)			 郾公匜 10229 般(盤)匜	
虢	晉		黎	燕	蘇

 毛叔盤 10145 寶般(盤)	 鄭伯盤 10090 般(盤)匜				 魯司徒仲齊盤 10116 肇作般(盤)  魯伯者父盤 10087 媵般(盤)
		 陳矦盤 10157 媵般(盤)			 魯少司寇封孫宅盤 10154 般(盤)匜
			 宋君夫人鼎q eb304 用般禋祀  宋君夫人鼎g eb304 用般禋祀	 曹公盤 10144 媵孟姬悆母般(盤)	
毛	鄭	陳	宋	曹	魯

 魯伯厚父盤 10086 媵般（盤）  魯伯厚父盤 mt14413 媵般（盤）	 魯伯愈父盤 10113 媵沬般（盤）  魯伯愈父盤 10114 媵沬般（盤）	 魯伯愈父盤 10115 媵沬般（盤）  魯正叔盤 10124 御般（盤）		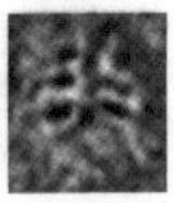 兒慶盤 mt14414 作秦妊般（盤）	 薛侯盤 10133 媵般（盤）
			 虖㝵丘君盤 wm6.200 媵般（盤）		
				 郳大司馬彊盤 ms1216 盥般（盤）	
魯			郲	郳	薛

 鑄叔盤 mt14456 媵般(盤)		 齊縈姬盤 10147 寶般(盤)  齊侯盤 10117 寶般(盤)	 㠱伯庭父盤 10081 媵姜無沬般(盤)	 夆叔盤 10163 盥般(盤)  夆叔匜 10282 盥般(盤)	 尋仲盤 10135 寶般(盤)
	 郜公典盤 xs1043 盥般(盤)	 齊侯作孟姬盤 10123 寶般(盤)			
		 公子土折壺 09709 般(盤)壺  齊侯盤 10159 盥般(盤)			
鑄	郜	齊	㠱	逢	鄩

 干氏叔子盤 10131 媵般(盤)  上曾太子鼎 02750 上曾太子般殷	 鄧伯吉射盤 10121 盥般(盤)	 番□伯者君盤 10139 寶般(盤)	 曾師季輔盤 10138 寶般(盤)  炏右盤 10150 寶般(盤)	 袓盤 10094 寶般(盤)  袓仲侯盤 ms1206 寶般(盤)	 𨼈侯盤 ms1205 𨼈侯贈蔡媯般(盤)
 取膚上子商盤 10126 鑄般(盤)					
			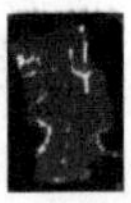 可盤 eb921 行般(盤)		
D	鄧	番	曾	CE	

服

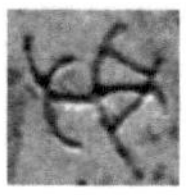 鄀伯貝懋盤 mx0941 永寶般(盤)  𡨦人庢石盤 ms1200 寶般(盤)	 楚季咩盤 10125 盥般(盤)		 伯駟父盤 10103 塍般(盤)  封仲盤 10056 封仲作般(盤)	 自盤 ms1195 顯般(盤)	 秦公鐘 00263 具即其服  秦公鐘 00265 具即其服
			 般仲柔盤 10143 唯般仲柔  侃孫奎母盤 10153 寶般(盤)	 大孟姜匜 10274 般(盤)匜	
		 者尚余卑盤 10165 自作鑄其般(盤)			
CE	楚	越			秦

航　艅

 秦公鎛 00267.2 具即其服  秦公鎛 00268.2 具即其服	 秦公鎛 00269.2 具即其服			 戈叔朕鼎 02690 戴叔艅  戈叔朕鼎 02691 戴叔艅	 戈叔朕鼎 02692 戴叔艅  叔朕簠 04620 叔艅
		 競孫旟也鬲 mt03036 畬戠不服永保之用享  競孫不服壺 mt12381 競孫不服永保之用享	 冉鉦鋮 00428 以□□船其航		
秦		楚	吳	戴	

方

 叔朕簠 04620 叔⿰舟僉  叔朕簠 04621 叔⿰舟僉	 叔朕簠 04621 叔⿰舟僉			 秦公鐘 00262 蠻方 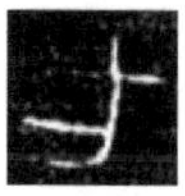 秦公鐘 00263 四方	 秦公鐘 00264 蠻方  秦公鎛 00267.1 蠻方
		 魯少司寇封孫宅盤　10154 ⿰舟僉(盥)盤匜		 秦公簋 04315.2 四方  盄和鐘 00270.2 四方	
			 壽盤 mx0982 ⿰舟僉(盥)盤		
戴		魯		秦	

 秦公鎛 00267.2 四方  秦公鎛 00268.1 蠻方	 秦公鎛 00268.2 四方  秦公鎛 00269.1 蠻方	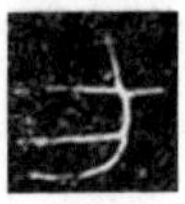 秦公鎛 00269.2 四方 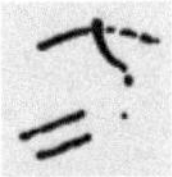 秦子簋蓋 eb423 四方	 秦政伯喪戈 eb1248 東方  秦政伯喪戈 eb1249 東方	 梁伯戈 11346.2 鬼方	 戎生鐘 xs1614 不廷方
					 晉公盤 mx0952 四方
秦				梁	晉

<table>
<tr>
<td></td>
<td>
曾伯霥簠
04631
具既俾方

曾伯霥簠
04632
具既俾方</td>
<td></td>
<td></td>
<td>
邛季之孫戈
11252a
□方或之元</td>
<td></td>
</tr>
<tr>
<td>
庚壺
09733.2B
其王駟介方綾</td>
<td>
曾公畩鎛鐘
jk2020.1
[南]方

曾公畩鎛鐘
jk2020.1
南方</td>
<td>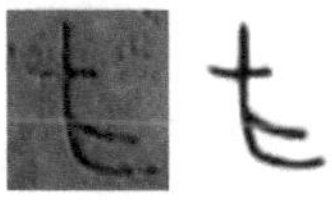
曾公畩甬鐘 A
jk2020.1
[南]方

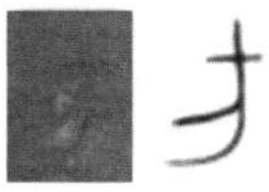
曾公畩甬鐘 A
jk2020.1
南方</td>
<td>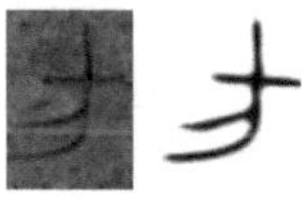
曾公畩甬鐘 B
jk2020.1
南方

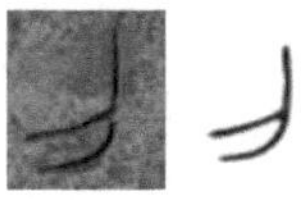
曾公畩甬鐘 B
jk2020.1
南方</td>
<td></td>
<td>
登句鑃
mx1048
四方</td>
</tr>
<tr>
<td></td><td></td><td></td><td></td><td></td><td></td>
</tr>
<tr>
<td>齊</td>
<td colspan="3">曾</td>
<td colspan="2">CE</td>
</tr>
</table>

兒

		 作司口匜 10260 四方			 有兒簋 mt05166 陳桓公之孫有兒
 徐王子旃鐘 00182.2 四方	 夫欧申鼎 xs1250 四方		 寬兒鼎 02722 蘇公之孫寬兒  寬兒缶 mt14091 蘇公之孫寬兒	 寬兒缶 mt14092 蘇公之孫寬兒	 宋兒鼎 mx0162 陳侯之孫宋兒
徐	舒		蘇		陳

 兒慶鼎 xs1095 兒(郳)慶 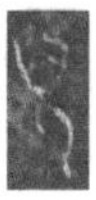 郳慶鬲 ms0312 兒(郳)慶	 兒慶鬲 mt02867 兒(郳)慶	 兒慶鬲 mt02868 兒(郳)慶  兒慶盤 mt14414 兒(郳)慶			
			 者兒戈 mx1255 呑叔之子者兒	 唐子仲瀕兒匜 xs1209 唐子仲瀕兒  唐子仲瀕兒盤 xs1211 唐子仲瀕兒	 丁兒鼎蓋 xs1712 應侯之孫丁兒
郳			滕	唐	CE

	 蠶兒罍 xs1187 蠶兒擇其吉金	 鄝膚簠 mx0500 爲羊兒鑄媵簠			
 彭子射盂鼎 mt02264 彭子射兒  彭子射兒簠 mt05884 彭子射兒		 愠兒盞g xs1374 愠兒自作鑄其盞盂 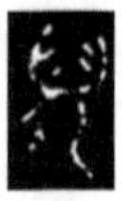 愠兒盞q xs1374 愠兒自作鑄其盞盂	 羅兒匜 xs1266 羅兒［曰］余吴王之甥	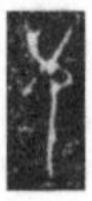 𪒠鐘 xs485a 余臣兒難得  𪒠鐘 xs498 余臣兒難得	 𪒠鎛 xs489b 余臣兒難得  𪒠鎛 xs490b 余臣兒難得
CE				楚	

		 庚兒鼎 02715 徐王之子庚兒  庚兒鼎 02716 徐王之子庚兒			
 鱟鎛 xs491a 余臣兒難得  鱟鎛 xs493b 余臣兒難得	 鱟鎛 xs495a 余臣兒難得	 沇兒鎛 00203.1 徐王庚之淑子沇兒  余購逐兒鐘 00183.1 曾孫僕兒	 余購逐兒鐘 00184.1 余購逐兒  余購逐兒鐘 00185.1 曾孫僕兒	 三兒簋 04245 □孫三兒	 配兒鉤鑃 00427.1 余□犬子配兒
楚		徐			吳

允

 秦公鐘 00262 藍藍允義  秦公鐘 00265 藍藍允義	 秦公鎛 00268.2 藍藍允義  秦公鎛 00269.2 藍藍允義	 曾伯𩂣壺 ms1069 允顯允異  曾伯𩂣壺 ms1069 允顯允異			
			 遷邟鐘 mt15520 允唯吉金  遷邟鐘 mt15521 允唯吉金	 遷邟鎛 mt15796 允唯吉金	 遷邟鎛 mt15794 允唯吉金  遷邟鐘 mx1027 允唯吉金
秦		曾	舒		

亮　兄

				 鄀召簠q xs1042 諸母諸㚵(兄)  鄀召簠g xs1042 諸母諸㚵(兄)	
	 郾子詠臣戈 11253 元允戈				 齊侯鎛 00271 兄弟  𩫖子鼎 mt02404 兄弟
 攻敔王光劍 11666 逌余允至		 亮矛 11424 亮	 郳公韎觥 mx0891 郳公韎白作商 宴兄(觥)		
吴			郳	鄀	齊

			 曾子仲宣鼎 02737 諸父諸兄  孄加鎛丙 ms1284 父䟗(兄)		
 子璋鐘 00113 父䟗(兄) 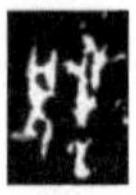 子璋鐘 00115.2 父䟗(兄)	 子璋鐘 00116.2 父䟗(兄)  子璋鐘 00117.2 父䟗(兄)	 子璋鐘 00119 天<父>䟗(兄)		 彭啓簠丙g ww2020.10 父䟗(兄)  彭啓簠丙q ww2020.10 父䟗(兄)	 侯古堆鎛 xs277 父䟗(兄)  侯古堆鎛 xs278 父䟗(兄)
許			曾	CE	

	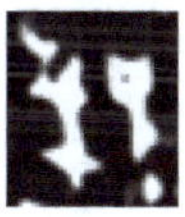 楚太師登鐘 mt15511a 父𨀈(兄)  楚太師登鐘 mt15514a 父𨀈(兄)	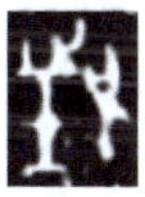 楚太師登鐘 mt15512a 父𨀈(兄)  楚太師登鐘 mt15516a 父𨀈(兄)	 楚太師鄧子鎛 mx1045 父𨀈(兄)		
	 敬事天王鐘 00074 父𨀈(兄)  敬事天王鐘 00077 父𨀈(兄)	 敬事天王鐘 00078.2 父𨀈(兄) 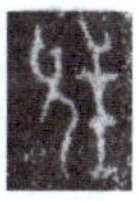 敬事天王鐘 00081.1 父𨀈(兄)	 王孫誥鐘 xs418 父䖥(兄)  王孫誥鐘 xs419 父䖥(兄)	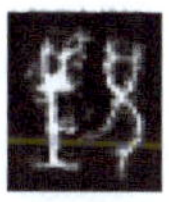 王孫誥鐘 xs420 父䖥(兄)  王孫誥鐘 xs421 父䖥(兄)	 王孫誥鐘 xs422 父䖥(兄)  王孫誥鐘 xs423 父䖥(兄)
 侯古堆鎛 xs280 父𨀈(兄)  侯古堆鎛 xs281 父𨀈(兄)					
CE	楚				

 王孫誥鐘 xs424 父蜺(兄)  王孫誥鐘 xs425 父蜺(兄)	 王孫誥鐘 xs426 父蜺(兄)  王孫誥鐘 xs427 父蜺(兄)	 王孫誥鐘 xs428 父蜺(兄)  王孫誥鐘 xs429 父蜺(兄)	 王孫誥鐘 xs431 父蜺(兄)  王孫誥鐘 xs436 父蜺(兄)	 王孫誥鐘 xs437 父蜺(兄)  王孫誥鐘 xs438 父蜺(兄)	 王孫誥鐘 xs441 父蜺(兄)  王孫遺者鐘 00261.2 父雉(兄)

楚

					 叔家父簠 04615 先後諸䚷(兄)
 季子康鎛 mt15788b 甫(父)䚷(兄)  季子康鎛 mt15790b 甫(父)䚷(兄)					 王孫叔諲甗 mt03362 父兄
	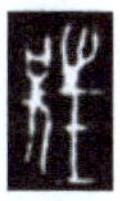 沇兒鎛 00203.2 父跸(兄)  徐王子旃鐘 00182.2 父跸(兄)	 余贎逐兒鐘 00183.1 父兄  余贎逐兒鐘 00184.2 父兄	 余贎逐兒鐘 00186.1 父兄	 姑馮昏同之子句鑃 00424.2 父䚷(兄)	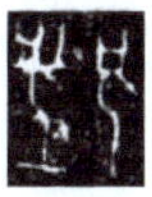 嘉賓鐘 00051 父䚷(兄)
鍾離	徐			越	

兌　先

		 秦公鐘 00262 先祖  秦公鐘 00264 先祖	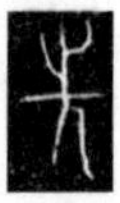 秦公鎛 00267.1 先祖  秦公鎛 00268.1 先祖	 秦公鎛 00269.1 先祖	 晉姜鼎 02826 先姑
 文公之母弟鐘 xs1479 兄弟	 齊太宰歸父盤 10151 齊太宰歸父雪(兌)  歸父盤 mx0932 齊太宰歸父雪(兌)				 晉公盤 mx0952 先王
					 邵黛鐘 00225 先祖  邵黛鐘 00226 先祖
	齊	秦			晉

 郘黛鐘 00227 先祖  郘黛鐘 00228 先祖	 郘黛鐘 00229 先祖  郘黛鐘 00230 先祖	 郘黛鐘 00231 先祖  郘黛鐘 00232 先祖	 郘黛鐘 00233 先祖  郘黛鐘 00235 先祖	 郘黛鐘 00237 先祖	 司馬楙鎛 eb48 祧(先)王  司馬楙鎛 eb49 祧(先)公
晋					滕

		 曾伯霥壺 ms1069 先民			
 叔夷鐘 00272.1 先祖  叔夷鐘 00275.2 夷典其先舊	 叔夷鎛 00285.1 先祖  叔夷鎛 00285.5 夷典其先舊				
			 余贎逐兒鐘 00183.2 侁(先)祖  余贎逐兒鐘 00184.2 侁(先)祖	 蘧邟鐘 mt15520 先祖  蘧邟鐘 mt15521 先祖	 蘧邟鎛 mt15796 先祖
齊		曾	徐	舒	

		 叔家父簠 04615 先後諸兄			
 遷邟鎛 mt15794 先祖  遷邟鐘 mx1027 先祖	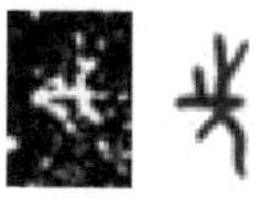 姑發䛑反劍 11718 才行之先  配兒鉤鑃 00427.2 先人		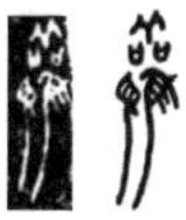 曾侯與鐘 mx1034 臨觀元山	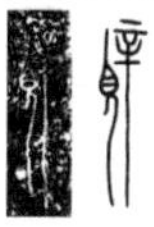 曾侯與鐘 mx1029 視(親)博武功	 曾侯與鐘 mx1030 視(親)博武功
舒	吳		曾	曾	

覠	暖		歌		
 戎生鐘 xs1615 余弗叚灋其覠光  晉姜鼎 02826 文侯覠命					
	 楚子暖簠 04575 楚子暖  楚子暖簠 04576 楚子暖	 楚子暖簠 04577 楚子暖	 宋公戌鎛 00008 謌(歌)鐘  宋公戌鎛 00009 謌(歌)鐘	 宋公戌鎛 00010 謌(歌)鐘  宋公戌鎛 00011 謌(歌)鐘	 宋公戌鎛 00012 謌(歌)鐘  宋公戌鎛 00013 謌(歌)鐘
晉	楚		宋		

	 嬭加鎛丙 ms1284 酬獻謌(歌)舞				 鄬子受鐘 xs505 鼒彝訶(歌)鐘  鄬子受鐘 xs508 鼒彝訶(歌)鐘
 滕侯賕鎛 mt15757 謌(歌)鐘		 蔡侯紐鐘 00210.2 訶(歌)鐘  蔡侯紐鐘 00211.2 訶(歌)鐘	 蔡侯紐鐘 00216.2 訶(歌)鐘  蔡侯紐鐘 00217.2 訶(歌)鐘	 蔡侯紐鐘 00218.2 訶(歌)鐘  蔡侯鎛 00222.2 訶(歌)鐘	 𪒠鐘 xs482b 謌(歌)樂自喜  𪒠鐘 xs483a 謌(歌)樂自喜
滕	曾	蔡			楚

 鄦子受鐘 xs511 [illegible]彝訶(歌)鐘  鄦子受鎛 xs513 [illegible]彝訶(歌)鐘	 鄦子受鎛 xs514 [illegible]彝訶(歌)鐘 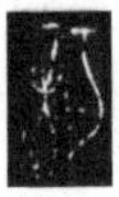 鄦子受鎛 xs516 [illegible]彝訶(歌)鐘	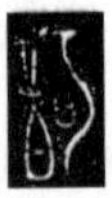 鄦子受鎛 xs518 [illegible]彝訶(歌)鐘  鄦子受鎛 xs520 [illegible]彝訶(歌)鐘			 晋公盆 10342 烏(無)歆(咎)萬年
 𪒠鐘 xs487b 謌(歌)樂自喜	 𪒠鎛 xs489a 謌(歌)樂以喜  𪒠鎛 xs490a 謌(歌)樂以喜	 𪒠鎛 xs491b 謌(歌)樂自喜  𪒠鎛 xs492b 謌(歌)樂自喜	 𪒠鎛 xs494b 謌(歌)樂自喜  𪒠鎛 xs496a 謌(歌)樂自喜	 余購逑兒鐘 00183.1 飲飤訶(歌)舞  余購逑兒鐘 00184.2 飲飤訶(歌)舞	
楚				徐	晋

次

 工子嬰次爐 10386 王子嬰次  王子嬰次鐘 00052 王子嬰次	 何次簠 xs402 畢孫何次	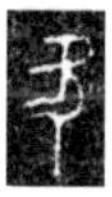 何次簠g xs403 畢孫何次  何次簠q xs403 畢孫何次	 何次簠g xs404 畢孫何次  何次簠q xs404 畢孫何次	 次□缶 xs1249 利之元子次□	
				 郐醽尹征城 00425.2 次[illegible]升稍  之乘辰鐘 xs1409 足剔次留之元子	 其次句鑃 00421 初吉亅亥其次擇其吉金  其次句鑃 00422A 初吉丁亥其次擇其吉金
楚				徐	越

	玖	欿		䜴	䟦
 其次句鑃 00422B 初吉丁亥其次擇其吉金	 王子玖戈 11207.1 王子玖(于) 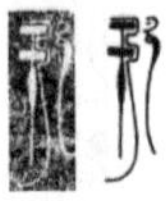 王子玖戈 11208 王子玖(于)	 郲王欿淺劍 11621.1 越王欿(勾)踐  郲王欿淺劍 11621.2 越王欿(勾)踐	 越王勾踐之子劍　11594.2 越王之子欿(勾)踐  戉王句戔之子劍　11595A2 越王之子欿(勾)踐	 陳樂君甗 xs1073 陳樂君䜴	 夫䟦申鼎 xs1250 甚六之妻夫䟦申
越	吴	越		陳	舒

𣢟		歂	歀	𪑌	
 叔朕簠 04620 以𣢟稻粱  叔朕簠 04621 以𣢟稻粱	 叔朕簠 04622 以𣢟稻粱	 戎生鐘 xs1614 天子歂靈  戎生鐘 xs1615 懿歂不朁			
			 倗夫人嫘鼎 mt02425 歲在歀釁	 郘公鞁父鎛 mt15815 再𪑌(祼)𩰫(瓚)  郘公鞁父鎛 mt15816 再𪑌(祼)𩰫(瓚)	 郘公鞁父鎛 mt15817 敬監(臨)𪑌(祼)祀  郘公鞁父鎛 mt15817 再𪑌(祼)𩰫(瓚)
戴		晉	楚	郘	

	厥	⿰丵欠	⿰睪欠	⿰䌛欠	
			 曾子⿰睪欠鼎 mx0146 曾子⿰睪欠自作行器		
	 蔡君季聰鑑 mx0535 邛伯厥之孫	 叔夷鐘 00274.2 ⿰丵欠(總)命于外内之事  叔夷鎛 00285.4 ⿰丵欠(總)命于外内之事		 者𣴎鐘 00197.1 ⿰䌛欠(謠)鐘  者𣴎鐘 00198.1 ⿰䌛欠(謠)鐘	 者𣴎鐘 00199 ⿰䌛欠(謠)[鐘]  者𣴎鐘 00201 ⿰䌛欠(謠)鐘
 郳公鞁父鎛 mt15818 敬監(臨)⿰果欠(祼)祀  郳公鞁父鎛 mt15818 再⿰果欠(祼)𩰫(瓚)					
郳	CE	齊	曾	吳	

⿰鄱欠　⿰樊食　㱃

吴	曾	楚	燕	魯	郳
 者㴑鐘 00202 ⿰繇欠(謠)鐘	 曾孟嬶諫盆 10332.1 ⿰鄱欠盆  曾孟嬶諫盆 10332.2 ⿰鄱欠盆	 倗戟 xs469 新命楚王酓⿰樊食		 魯大司徒元盂 10316 㱃(飲)盂	
			 杕氏壺 09715 吾以宴飲		 郳大司馬彊盤 ms1216 飲飤無期  郳大司馬彊匜 ms1260 㱃(飲)飤無期

盗

 曾伯文鐳 09961 㱃(飲)鐳			 秦公鐘 00262 盜(盗)百蠻  秦公鐘 00265 盜(盗)百蠻	 秦公鎛 00267.2 盜(盗)百蠻  秦公鎛 00268.2 盜(盗)百蠻	 秦公鎛 00269.2 盜(盗)百蠻
 嬭加鎛丙 ms1284 宴饎㱃(飲)飤					
	 沇兒鎛 00203.2 用盤㱃(飲)酒	 余購逐兒鐘 00183.1 㱃(飲)飤歌舞  余購逐兒鐘 00184.2 㱃(飲)飤歌舞			
曾	徐		秦		

⿰冎旡

 鄫甘辜鼎 xs1091 ⿰冎旡(過)甘辜肇 作尊鼎					
過					